Mosel

Rita Henß

► Dieses Symbol im Buch verweist auf den großen Faltplan!

DUMONT
direkt

Willkommen

Unterwegs an der Mosel

Die Mosel 15 x direkt erleben

Willkommen
Mein heimliches Wahrzeichen

Zeit und Sonne – beides braucht der Wein zur Reife. Kein Wunder also, dass in den Rebhängen der Mosel Sonnenuhren die Stunden des Tages anzeigen. Am bekanntesten ist wohl die Wehlener Sonnenuhr, errichtet 1842 von Winzer Jodocus Prüm. Sie zeigt wie alle alten Sonnenuhren die ›wahre‹ Ortszeit an, die in Wehlen um durchschnittlich 32 Minuten von der erst 1893 eingeführten Mitteleuropäischen Zeit abweicht.

Erste Orientierung

Überblick

Drei Länder durchfließt die Mosel auf ihren etwa 500 Flusskilometern von der Quelle bis zur Mündung. Sie bildet dabei die Grenze zum kleinen europäischen Fürstentum Luxemburg und trennt in ihrem deutschen Abschnitt Hunsrück und Eifel.

An der Obermosel, zwischen dem Dreiländereck bei Schengen und Konz, verläuft das Flussbett zunächst in einem breiten Tal. Zwischen der Saarmündung und Schweich breitet es sich zur Trierer Weitung aus und macht Platz für die älteste Stadt Deutschlands. In großen Schleifen gräbt sich der Fluss dann durch die Barriere des Rheinischen Schiefergebirges. Hohe Felswände wechseln mit sanft sich vom Ufer hinaufziehenden Hügeln, bedeckt von Reben und Wäldern, gesäumt von Weindörfern und anmutigen Städtchen.

Zwischen Traben-Trarbach und Cochem wird das Moseltal noch steiler, die Mäander sind noch ausgeprägter. Erst an der Untermosel verlaufen sich die Flussbögen allmählich, Burgen thronen hier auf den Bergkuppen ähnlich wie am nahen Rhein.

Von Koblenz (Untermosel) nach Trier (Mittelmosel) braucht man auf der Autobahn knapp 80 Minuten; am Flussufer entlang mehr als die dreifache Zeit. Der Zug schafft die Strecke in 1 ½ bis 2 Stunden; es gibt Verbindungen im Stundentakt. Fahrräder können in der Bahn ebenso transportiert werden wie auf einigen Schiffen und in manchen Bussen.

Von Koblenz nach Zell

Ehrenbreitstein hoch über **Koblenz** (▶ J/K 1) war einst richtungsweisend für den gesamten europäischen Festungsbau; zur Gartenschau 2011 entsteht im Vorgelände der markanten Anlage ein Landschaftspark. Und eine neue Kabinenseilbahn befördert die Besucher der historischen Garnisonsstadt von den Rheinanlagen über den Fluss auf das Plateau.

Trutzige Bauwerke prägen auch die Silhouetten von **Treis-Karden** (▶ H 2) und **Cochem** (▶ G 2): die Mittelalterschönheit **Burg Eltz** und das Neuschwanstein der Mosel, die aus Ruinen wiedererstandene **Reichsburg**. Zu Füßen der Burg Metternich duckt sich malerisch der winzige Ort **Beilstein** (▶ G 3) mit reicher Architekturgeschichte. Und bei **Bremm** (▶ G 3) ragt mit dem **Calmont** der steilste Weinberg Euro--pas am Flussufer auf.

Entlang der Mittelmosel

Mit Jugendstil und Ayurveda macht **Traben-Trarbach** (▶ F/G 4) von sich reden. Ende des 19. Jh. so wichtig für die Weinwelt wie Bordeaux, konnten sich die Moselstadt und ihre Weinhändler sogar den Berliner Stararchitekten Bruno Möring für repräsentative Belle-Epoque-Bauten leisten.

In einem alten Remisengebäude des St. Nikolaus-Hospitals in **Bernkastel-Kues** (▶ F 4) ist eines der modernsten Multimedia-Museen in Deutschland untergebracht; es widmet sich ganz dem Wein. Die ersten Reben an der Mosel indes pflanzten die Römer – in **Neumagen-Dhron** (▶ E 5) lässt sich das Erbe des ebenso genussorientierten wie technisch versierten antiken Volkes nicht nur zu Lande, sondern auch auf dem Wasser erleben.

Rund um Trier

Ein Dutzend Jahre residierte der Sohn Konstantins des Großen, Konstantin II., in **Trier** (▶ D 6); sie gelten als die römische Blütezeit der facettenreichen Stadt im Vierländereck. Karl Marx erblickte in den neuen Grenzen des ›zweiten Rom‹ das Licht der Welt; sein Geburtshaus ist heute Museum. Drei Millionen Reben gedeihen im Stadtgebiet – und die UNESCO hat neun (!) Trierer Baudenkmäler in ihre Liste des Weltkulturerbes aufgenommen – von der Porta Nigra bis zur Liebfrauenkirche.

Von antikem Glanz kündet auch der rekonstruierte Mosaik-›Teppich‹ einer Portikusvilla bei **Nennig** (▶ B 8). Und den Spuren der schon den Römern bekannten ›weißen Rebe‹ folgt man am besten auf der **Elbling-Route** zwischen Palzem und Nittel. Nur knapp 15 km südöstlich von ihrem Endpunkt liegt das Städtchen **Saarburg** (▶ C 7) mit seinen denkmalgeschützten Fachwerk- und Barockbauten, zwischen denen der Leukbach hindurchfließt wie ein Mini-Canale-Grande, allerdings ergänzt um einen ansehnlichen Wasserfall, der 20 Meter zu Tal stürzt.

Luxemburg

Die labyrinthischen, aus der Zeit der spanischen Fremdherrschaft stammenden Kasematten der kulturreichen und bei aller Historie deutlich zukunftsorientierten Metropole (▶ A 7) des kleinen und wohl internationalsten Staates in Europa, waren der UNESCO die Aufnahme in ihre Weltkulturerbeliste wert – mitsamt des ganzen Altstadtkerns von ›Lëtzebuerg‹. Neben ihren Baudenkmälern und Museen punktet die nur knapp 50 km von Trier entfernte ›kleine Burg‹ zwischen den Tälern von Alzette und Pétrusse mit Lebenslust und vielerlei Shopping-Offerten.

Die Moselregion – ein Land der Rebhänge, bekrönt von Burgen

Schlaglichter und Impressionen

Römische Münzen

Noch immer findet man an der Mosel Münzen aus der Römerzeit. Vor allem in den Orten um Trier werden sie häufig zum Kauf angeboten. Um nicht irgendwelchen Fantasiepreisen für diese antiken Kupfer- oder Silberstücke aufzusitzen, informiert man sich am besten vorher bei Sparkassen oder Banken über ihren Wert – oder kauft diese Mitbringsel gleich bei den Finanzinstituten.

Fähren

Auto- und Personenfähren verkehren fast ausnahmslos nur zwischen Mai und Oktober; an Wochentagen meist schon ab 7.30 Uhr, Samstag und Sonntag oft eine halbe bis eine Stunde später. Zwischen 12 und 13 Uhr halten viele Fährleute Mittagspause, dann heißt es warten. Die letzte Möglichkeit zum Übersetzen besteht meist um 18 bzw. 18.30 Uhr, am Wochenende um 16 bzw. 16.30 Uhr. Nicht alle Fähren verkehren täglich, die genauen Zeiten sind am besten bei den jeweiligen Fremdenverkehrsämtern zu erfahren.

Schleusen-Wartezeiten

Wenn im Sommer Hochbetrieb herrscht auf der Mosel und zahllose Ausflugsschiffe verkehren, kann es an den Schleusen zu längeren Wartezeiten kommen. Freizeitkapitäne, die mit dem eigenen Boot (oder mit einem gemieteten) unterwegs sind, sollten dies bei der Streckenplanung berücksichtigen.

Vorsicht Strömungen

Die lieblich anmutende Mosel birgt durchaus auch Gefahren. Streckenweise treten in ihrem Flussbett gefährliche Strudel und Strömungen auf; außerdem herrscht reger Schiffsverkehr. Schwimmer, Wasserskiläufer und Paddler bzw. Kanuten sollten daher besonders vor- und umsichtig sein. Gleiches gilt für Motorbootfahrer. Alle Anweisungen und Ver- bzw. Gebotsschilder sind unbedingt zu befolgen.

Land unter

Besonders im Frühjahr, aber auch im Winter besteht an der Mosel immer wieder Hochwassergefahr. Ufernahe (Bundes-)Straßen können dann durchaus gesperrt sein. Wer einen Ausflug etwa zu den Weihnachtsmärkten in den Moselorten plant, sollte sich vorher über den Pegelstand des Flusses informieren. Auskunft gibt das Hochwassermeldezentrum Mosel in Trier (auch zuständig für Saar und Sauer) unter www.hochwasser-rlp.de.

Gefahr im Gestein

Die Mosel-Steilhänge aus Schiefer oder Sandstein sind ein äußerst poröses, schnell abbrechendes Terrain, das sich keinesfalls für Kletterübungen eignet. Daher gilt: Ge- und Verbote niemals ignorieren. Ein Spaziergang oder eine Wanderung auf den ausgewiesenen Pfaden und Wegen ist an den Moselhängen die angemessene Form, die Natur zu erleben. Zur Traubenlese sind allerdings viele Weinberge für Touristen gesperrt. Wer alpines Bergfeeling will, kann sich an dem Calmont-Klettersteig in Bremm versuchen (s. S. 52, Infos über die Tourist-Informationen Bremm und Enkirch). Trittsicherheit, Schwindelfreiheit und festes Schuhwerk sind hier aber unbedingt vonnöten, denn der Pfad ist

Malerische Orte, hier Kobern-Gondorf, lassen sich an der Mosel zuhauf entdecken

sehr schmal, weitgehend ungesichert, aus lockerem Schieferbruch geschichtet und erfordert an mehreren Stellen das Erklettern von Leitern. Auch in Igel gibt es Klettermöglichkeiten – allerdings nur mit Erlaubnis des Deutschen Alpenvereins (Sektion Trier e. V., Tel. 0651 495 71, www.alpenverein-trier.de).

Gegenwind

Radfahrer, die eine Tour durch das Moseltal planen, sollten sich unbedingt vorher informieren, wie das Wetter wird. Denn wenn Südwestwinde angesagt sind und der Streckenverlauf moselaufwärts geplant ist, kann es einem ordentlich entgegenblasen, sodass die vermeintlich einfache Fahrt zu einem heftigen Kampf mit den Lüften wird.

Dengeln

Bezeichnung für das Läuten der Kirchturmglocken von Hand. Dabei werden die Glocken in melodischer Folge und wechselndem Rhythmus durch Ziehen des Klöppels von Hand angeschlagen. In Bruttig-Fankel ist diese Tradition noch lebendig. Drei Glocken werden dort an kirchlichen Hochfesten und während der Kirmes ›gedengelt‹.

Achtung Kegelclubs

Mosel und Saar sind beliebte Ziele für Kegelclubs bzw. -touren. Zahlreiche Hotels und Restaurants verfügen über eigene Kegelbahnen. Wer als Individualreisender auf Ruhe aus ist und sich eher gestört fühlt von meist nicht gerade leiser Gruppenfröhlichkeit, sollte bei der Buchung seiner Unterkunft bzw. der Wahl des Restaurants sicherstellen, dass während der Zeit seines Aufenthaltes kein Kegelclub eingebucht ist.

Genuss unter dem Besenkranz

Der Brauch der Straußwirtschaften geht zurück auf Karl den Großen. Denn erst der Kaiser lockerte das strenge Gesetz, das es den Weinbauern untersagte, ihren Rebensaft direkt auszuschenken, und erlaubte ihnen, dies an 100 Tagen im Jahr zu tun. Äußeres Zeichen für die Schankerlaubnis war ein bunter Strauß, der an der Tür hing. Er verwandelte sich im Laufe der Zeit in einen Reisigbesen, der mit bunten Bändern geschmückt

Bevor Moselwein zum Erlebnis wird, müssen die Trauben geerntet werden

wird. Eine echte Straußwirtschaft darf maximal 40 Plätze umfassen und nur deftige, am besten hausgemachte Kleinigkeiten servieren.

Straußwirtschaftspass

Mehrere Dutzend Straußwirtschaften von Koblenz bis Palzem haben sich zusammengetan und geben einen gemeinsamen Straußwirtschaftspass heraus. Darin sind die beteiligten Mitgliedsbetriebe mit ihren individuellen Angeboten aufgelistet. Besuchen die Gäste acht dieser Wirtschaften und lassen dies im Pass bestätigen, überreicht das achte Weingut eine Flasche Wein: www.mosel-strausswirtschaften.de.

WeinErlebnisBegleiter

Rund 60 IHK-zertifizierte ›WeinErlebnis-Begleiter‹ bieten jeweils mittwochs sowie nach Vereinbarung im Raum Mosel-Saar-Ruwer ihre Dienste an. Die speziell ausgebildeten Gästeführer verfügen über profunde Kenntnisse in den Bereichen Weinbau, Landeskunde und Weinsensorik. Die Tourenpalette ist breit gefächert und reicht von Ausflügen zu den prähistorischen Korallenbänken in den Terrassenlagen an der Untermosel bis zur Gelegenheit, Kräuter zu entdecken und sogar zu paddeln. Nähere Infos unter www.weinerlebnis begleiter.de.

Ökologischer Weinbau

Derzeit gehören rund 40 Moselwinzer dem 1985 gegründeten Bundesverband Ökologischer Weinbau, Ecovin, an. Sie verteilen sich vor allem im Bereich Obermosel-Saar und an der Mittelmosel um Traben-Trarbach. Meist sind es kleinere Betriebe, die nicht mehr als 4 ha Rebfläche ökologisch bewirtschaften. Hauptsorte ist der Riesling, gefolgt von Müller-Thurgau und Elbling. Die Reben der Öko-Winzer erhalten ihre Nährstoffe ausschließlich über die Aktivierung des Bodens. Die Gesundheit der Rebstöcke und Trauben ist nicht das Ergebnis diverser Pflanzenschutzmittel, sondern der gezielten Förderung der Widerstandskräfte der Pflanzen. Kontrolliert wird mindestens einmal im Jahr der strikte Verzicht auf konventionelle chemische Pflanzenschutzmittel und auf leicht lösliche Mineraldünger ebenso wie die Kellerwirtschaft.

Gassen statt Trassen

Die historischen Moselörtchen sind nicht für den modernen Verkehr konzipiert. Selbst die Hauptstraße ist oft nur eine schmale Gasse, an deren Rändern kaum Platz ist für einen Gehweg, geschweige denn für Parkbuchten. Es empfiehlt sich daher unbedingt, das Auto auf den meist vor den Ortschaften oder am Moselufer angelegten großen Parkplätzen stehen zu lassen und einfach ins Zentrum zu bummeln. Oder noch besser: die Moseltour mit der Bahn zu planen (in Kombination vielleicht mit Schiff und Fahrrad).

Geschützte Natur

Genau 2055 km² misst der seit 1980 ausgewiesene Naturpark Saar Hunsrück, zu dem an Mosel und Saar die Landkreise Bernkastel-Wittlich, Birkenfeld und Trier-Saarburg zählen. Er umfasst z. B. das 30 ha große Naturschutzgebiet Ausoniusstein, wo man den selten gewordenen Apollofalter ebenso noch findet wie das größte zusammenhängende Streuobstwiesengebiet (4000 Bäume) an der Mittelmosel. Auch bei Klotten (Dortebachtal) und Lehmen (Reiherschussinsel) liegen Schutzgebiete. In der Eifel haben sich z. B. die Tongruben bei Binsfeld oder das Meerfelder Maar und das Holzmaar zu Lebensräumen für verschiedene Tier- und Pflanzenarten entwickelt.

Daten und Fakten

Flusslänge: Die Mosel misst insgesamt 545 km. 317 km verlaufen durch Frankreich, 36 km bilden die Staatsgrenze zwischen Luxemburg und Deutschland und auf 192 km durchquert der Fluss Rheinland-Pfalz. Das Gesamtgefälle beträgt 676 m.
Bevölkerung: Die Mosel-Saar-Region hat ca. 525 000 Einwohner; jeweils etwa zu gleichen Teilen verteilt auf die Städte Trier und Koblenz (104 000 bzw. 106 000 Einwohner) sowie die Landkreise Bernkastel-Wittlich und Trier-Saarburg. Der Landkreis Cochem-Zell ist mit ca. 65 000 Einwohnern der kleinste.
Klima: Durch die geschützte Tallage erweist sich das Moselland als eine der mildesten Klimazonen der Bundesrepublik. Im Jahresdurchschnitt ist es hier 1–2 °C wärmer als im übrigen Deutschland. In den Weinbergen auf Höhe der Reben sogar ca. 4–5 °C.
Bestockte Rebfläche: Ca. 12 000 ha, davon 50 % in Steil- oder Terrassenlagen.
Wirtschaft: Die Hauptwirtschaftszweige sind Weinbau, Weinhandel, Weinwirtschaft und Tourismus. Industrie und Gewerbe gibt es nur punktuell in Trier (Trierer Binnenhafen), Wittlich und Koblenz (Getränke, Aluminium, Papier).

Geschichte, Gegenwart, Zukunft

Jungsteinzeit und Kelten

Kulturgeschichtlich bildeten die heutigen Moselanrainer Lothringen, Luxemburg und Eifel-Hunsrück bereits vor mehr als 5000 Jahren eine Einheit. Grabungsfunde aus der Jungsteinzeit beweisen dies. Der keltische Stamm der Treverer lässt sich um 500 v. Chr. im Moselraum nieder.

Römische Ära

55–53 v. Chr. besetzen Cäsars Truppen das Gebiet. Knapp vier Jahrzehnte später gründet der römische Kaiser Augustus unter dem Namen Augusta das heutige Trier. An der Mündung der Mosel in den Rhein entsteht etwa zur gleichen Zeit (9 v. Chr.) das Römerlager Apud Confluentes, aus dem sich später die Stadt Koblenz entwickelt. Im 1. Jh. n. Chr. führen die Römer den Weinbau im Moseltal ein und schlagen bei Rigodolum (Riol) den Aufstand der Treverer und Germanen nieder. Die Moselregion wird christianisiert und Trier Bischofssitz sowie Hauptstadt des westlichen Römischen Reichs, nachdem die Römer ihr von den Alemannen und Franken zerstörtes Augusta Treverorum wiedererbaut haben. Mit der Verlegung der Kaiserresidenz der Römer nach Mailand endet 395 die römische Glanzzeit des Moselraumes.

Auferstanden aus Ruinen: Blütezeit im Mittelalter

Ende des 5. Jh. gewinnen die Franken endgültig die Oberhand über das Moselgebiet; es wird Teil des Ostfränkischen Reichs. Trier erlebt eine weitere Zerstörung (diesmal durch die Normannen), entwickelt sich aber, wiederauferstanden aus seinen Ruinen, zwischen dem 10. und 12. Jh. zu einer wichtigen christlichen Stätte. Unter dem Erzbischof Kurfürst Balduin von Luxemburg erlebt der Trierer Kurstaat von 1307 bis 1354 seine größte Ausdehnung und Blütezeit.

Kriege und verschiedene Herren

Der Dreißigjährige Krieg (1618–1648) verwüstet auch das Moselland; die Truppen Ludwigs XIV. sorgen ein knappes halbes Jh. später erneut für Zerstörungen. Französische Truppen erobern 1794 das Trierer Kurfürstentum. Das gesamte linksrheinische Gebiet wird französisch. 1815 beschließt dann der Wiener Kongress: Das Moselland wird preußisch.

Aufbruch in eine neue Zeit

Das 19. Jh. bringt den ersten Dampfschiffverkehr auf der Mosel und den Anschluss des Tals an das Eisenbahnnetz. Weinbau und Handel blühen auf. Traben-Trarbach avanciert zum zweitwichtigsten europäischen Weinumschlagplatz nach Bordeaux.

Literaten und Künstler legen im frühen 20. Jh. den Grundstein für die touristische Zukunft der Mosel. Einen weiteren wichtigen Schritt bedeutet die Schiffbarmachung des gesamten Flusses in den 1950er- und 60er-Jahren. Neben Lastkähnen verkehren seither auch Ausflugsdampfer. Und es wird ein breites Wassersportangebot möglich. Obwohl Flussauen verschwinden und sich vor den Staustufen künstliche, warme Seen bilden, wird die Mosel nach ihrer Regulierung insgesamt ruhiger. 1993/94 werden die Anrainer jedoch von den schlimmsten Überschwemmungen seit 1784 heimgesucht. Das Hochwasserproblem besteht nach wie vor. Dammprojekte existieren zwar in einigen Gemeinden, realisiert wurde bislang jedoch noch keines.

Projekte des zweiten Jahrtausends

Von dem 2001 für den internationalen Passagierverkehr ausgebauten Flughafen Hahn im nahen Hunsrück profitiert auch die Moselregion; so kommen beispielsweise verstärkt Gäste in das in Traben-Trarbach eröffnete erste Ayurveda-Hotel Deutschlands.

Für hohe öffentliche Aufmerksamkeit sorgen zudem 2004 die Landesgartenschau auf dem Trierer Petrisberg und 2007 die Jungfernfahrt des größten jemals im deutschen Sprachraum nachgebauten Römerschiffs in Neumagen-Drohn.

Zwei Jahre später machen Winzer wie Umweltschützer Front gegen den bis 2016 geplanten, 300 Mio. Euro teuren Neubau der Bundesstraße 50 bei Ürzig, in dessen Rahmen auch eine der höchsten Brücken Deutschlands vorgesehen ist. Geldverschwendung sagen die Gegner des Projekts; sie befürchten gravierende Schäden für Landwirtschaft und Tourismus, denn die 25 km lange, vierspurige Trasse tangiere einige der besten Weinlagen der Region. Die Bauarbeiten für die 160 m hohe und 1,7 km lange Brücke haben jedoch bereits begonnen, der Rechtsweg ist ausgeschöpft.

Laut Mainzer Wirtschaftsministerium werden mit dem Ausbau der B50 Belgien und die Niederlande besser mit dem Rhein-Main-Gebiet und Südwestdeutschland verbunden. Die verbesserte Erreichbarkeit von Eifel, Hunsrück, Moselregion und Flughafen Hahn werde Arbeitsplätze schaffen und sichern. Mit der Führung des Fernverkehrs über das Flusstal, so heißt es aus dem Ministerium, werde dieses selbst von Lärm und Abgasen entlastet. Mehr als 65 Gutachten seien erstellt und die Verträglichkeit mit dem Naturschutzrecht richterlich bestätigt worden.

Trier, älteste Stadt Deutschlands und reich an Kultur und Kunstschätzen

Übernachten

Rund 50 000 Gästebetten stehen im Gebiet Mosel-Saar-Ruwer zur Verfügung. Dabei ist die gesamte Palette von Unterkunftsarten vertreten, vom Luxushotel über Bungalow-Parks und Apartments bis zum Privatzimmer und Campingplatz. Sogar in manchen Burgen kann man Quartier beziehen. Das Preisniveau für Unterkünfte liegt – mit Ausnahme der größeren Städte – im mittleren Bereich.

Privatvermieter erheben keine Saisonpreise, gewähren bei längerem Aufenthalt indes meist einen Rabatt. Hotels schlagen vor allem zur Zeit der Weinlese im September und Oktober auf ihre Preise auf. Andererseits locken zahlreiche Hotels häufig mit Schnuppertagen, Wochenpauschalen und speziellen Themen-Arrangements.

Urlaubsorte im Überblick

Trier, Koblenz und Luxemburg-Stadt garantieren als Stand- oder Ausgangsorte für eine Moseltour eine breite Hotelauswahl und gute Verkehrsanbindung. Beliebte und daher belebte Tagesziele sind Cochem, Traben-Trarbach und Bernkastel-Kues; alle drei bieten sich ebenfalls als Standort für Rundtouren an, für Ausflüge in die Eifel oder in den Hunsrück. Radler und Wanderer finden hier einfache bis komfortable Unterkünfte. Bei Kröv, Leiwen, Saarburg und Gunderath in der Eifel, unweit der Terrassenmosel, existieren große Bungalowsiedlungen für Urlauber mit zahlreichen Sport- und Freizeiteinrichtungen, Restaurants und Shops.

Buchung

Günstiger als mit der Individualbuchung fährt man meist auch mit den Pauschalen, die die Fremdenverkehrsämter der Moselorte oder -regionen auflegen. Bei den großen Ferienparks gibt es Last-Minute-Preise. Bis zu 40 % des Katalogpreises lassen sich bei diesen Offerten sparen. Kinder bis 14 Jahre erhalten in vielen Unterkunftsbetrieben einen Rabatt von 50 %.

Sowohl die Mosel als Region als auch einzelne Orte, Kommunen, Fest(spiel)-Veranstalter und touristische Zusammenschlüsse (z. B. Untermosel) betreiben Webeiten mit der Möglichkeit zur Direktbuchung von Unterkünften. Manche Hotels geben auf Onlinebuchungen 5 % Rabatt.

Hotels

Fünf Sterne funkeln nur wenige Male über dem Moselland; an zwei Händen hat man die First-Class-Hotels (vier Sterne) abgezählt. Das Gros der Betten bieten Häuser der Mittelklasse und der Ein- bis Zwei-Sterne-Kategorie. Letztere wurden oft schon in den 1960er- oder 70er-Jahren eröffnet, und die Besitzer haben versucht, sie der Zeit anzupassen – freilich nicht immer mit Erfolg. An der Mosel lebt auch noch das Hotel Garni fort. So manche Pension ist diesen Häusern aber mittlerweile an Zimmerzahl und Ausstattung überlegen. In der gehobeneren Hotelkategorie wurde und wird zunehmend auf den Sektor Beauty und Wellness gesetzt und entsprechend investiert.

Pensionen

Gästehaus nennen sich inzwischen vielerorts die Pensionen; fünf bis zehn Zimmer sind die Regel. Auch so manches Gasthaus bietet über der Wirtsstube oder im Anbau Übernachtungsmöglichkeiten an. Die Ausstattung ist hier meist einfach, das Raumangebot klein.

Ferienwohnungen

In fast allen Moselorten vermieten Privatleute im eigenen Haus oder in kleineren, separaten Bauten Ferienwohnungen. Mitunter werden auch komplette Ferienhäuser angeboten. Ein Großteil von ihnen hat – wie die Hotels – an der freiwilligen Klassifizierung teilgenommen und schmückt sich nun auch mit Sternen (maximal vier). Ein Rückschluss auf die Ausstattung ist durch die Klassifizierung allerdings nicht zwingend gegeben.

Die Spanne reicht hier wie bei den Pensionen und einfachen Hotels vom gutbürgerlichen, leicht angestaubten Appartement mit Wohnzimmer und Schlafzimmer bis hin zum neuen 120 m^2 großen Haus mit Kamin, Galerie und offenem Gebälk. Preislich liegen diese Unterkünfte in der Regel ungefähr auf gleichem Niveau wie ein einfaches Doppelzimmer in einer Pension, oft sogar darunter.

Winzer- und Bauernhöfe

Eine Handvoll landwirtschaftlicher Betriebe und mehr als 170 Winzer vermieten Unterkünfte. Sie haben sich alle freiwillig prüfen und zertifizieren lassen (ein bis fünf Sterne). Oft haben sie mehrere Ferienwohnungen auf ihrem Gelände geschaffen; einige bieten auch ganze Häuser an und Camping/Wohnmobilstellplätze. Mehr Infos dazu unter www.naturlaub-rlp.de.

Camping

Zur Auswahl stehen rund 50 Campingplätze, meist direkt an der Mosel und gut bis sehr gut ausgestattet: mit Restaurant, Kinderspielplatz etc. Etwa zehn weitere Plätze bieten Sauer und Saar. Im »Campingführer Moselland« der Mosellandtouristik (www.mosellandtouristik.de) sind die Anlagen detailliert beschrieben.

Jugendherbergen

Jugendherbergen gibt es in Koblenz, Trier, Traben-Trarbach, Saarburg, Mettlach-Dreisbach, Hermeskeil, Bernkastel-Kues, Cochem-Cond und bei Brodenbach. Infos unter www.djh.de.

Das besondere Quartier – eine Burg

Essen und Trinken

Regional und saisonal

Die typisch moselländische Küche ist einfach, deftig – und rar. Traditionsreiche Rezepturen kehren erst allmählich wieder ins Bewusstsein der Wirte zurück, oft in modernisierter Gestalt. Denn die typischen Speisen der Mosel waren ursprünglich schwerste Kost. Sie dienten vornehmlich dem Zweck, die Mägen der Arbeiter und Helfer im Winzer- und Bauernberuf zu füllen. Da das Moselland kaum Reichtum kannte, setzten sich die Gerichte in der Regel aus dem zusammen, was auf dem eigenen Feld angebaut und im eigenen Stall gehalten wurde. Und von jeher spielte der Wein eine Rolle.

Einfaches für draußen

Oft wurde die Kost zu Hause vorbereitet und dann zur Arbeit im Weinberg mitgenommen. ›Schmer‹ oder ›Schmeere‹ und ›Schnittcher‹ sind die kalte Variante dieser Wingertspeisen, ebenso wie würzige Kuchen. Suppen oder Eintöpfe gehören zu den warmen, einfachen Gerichten; auch Aufläufe und andere lang garende bzw. kochende Speisen, oft auf Basis von Kartoffeln (z. B. ›Debbekoche‹ oder ›Dibbelabbes‹).

Mit Tradition in die Zukunft

Der Aal ist eine typische Spezialität der Mosel; er kam einst in riesigen Mengen vor, ähnlich wie der Zander. Dank der inzwischen wieder guten Wasserqualität des Flusses erlebten beide ein Comeback. Auch Rotauge, Wels, Hecht, Bachforelle aus dem Hunsrück und aus der Eifel, sogar Flusskrebse und eingelegte bzw. gebackene Moselfische landen wieder auf den Tellern. Desgleichen Reh, Hirsch, Frischling und Kaninchen. Riesling-Pastete oder gratiniertes Mosel-Trester-Parfait beglücken ebenfalls die Gaumen der Moselreisenden. Und wer seinen Appetit ganz traditionsreich stillen möchte, lässt sich in Trier oder Ediger ein römisches Mahl auftischen – Muscheln mit Linsen vielleicht, Birnenauflauf oder ein Aprikosenfrikassee.

Delikatesse aus dem alten China

Eine kulinarische Besonderheit der Mosel ist der rote Weinbergpfirsich, der aus China stammt und über Persien mit den Römern in die Region kam. Die würzigherbe Frucht wird häufig zu Marmeladen verarbeitet, eignet sich, fein vermust, sehr gut als Basis für Desserts und mundet im groben Zustand als Brotaufstrich. Ein Genuss sind auch die eingelegten Früchte. Ambitionierte Gastronomen tischen ihren Gästen Riesling-Weinbergpfirsich-Suppe auf, ein Chutney aus Weinbergpfirsich oder einen Salat mit einem Dressing aus Weinbergpfirsichmark und Balsamico.

Weine

Das Moselland ist eine Weinregion – und auch die Tropfen von Saar und Ruwer können sich sehen lassen. In den

1950er- und 60er-Jahren zum Massenwein verkommen, in den 1980ern skandalumwittert, erfuhr der bereits zu Zeiten Wilhelms II. hochgeschätzte Moselriesling Anfang der 90er-Jahre eine Renaissance. Erfahrung und Tradition paarten sich mit neuesten Erkenntnissen, man setzte wieder auf Klasse statt Masse. Das Ergebnis: ein trockener, feinfruchtiger, mineralstoffreicher, aber zugleich alkoholarmer Wein – jung, schlank, elegant.

Edelbrände und andere Tropfen

Viele der ›neuen‹ Moselwinzer produzieren mittlerweile auch ihren eigenen Sekt sowie Trauben-, Hefe- und Tresterbrände. Exquisite flüssige Köstlichkeiten sind auch der hochprozentige Weinbergpfirsichlikör (25 % Alkohol) sowie der – auf Fachmessen bereits ausgezeichnete – Edelbrand vom roten Weinbergpfirsich. Um einen Liter Destillat zu erhalten, werden 25 kg Früchte benötigt. Basis für den Likör ist das hocharomatische Fruchtkonzentrat aus vorsichtig entkernten Pfirsichen. Er kann pur getrunken werden – am besten gut gekühlt –, oder man gießt ihn mit traditionell vergorenem Rieslingsekt auf zum Kir. Auf den Winzerfesten im Herbst wird häufig der vergärende trübe Most (Federweiße) ausgeschenkt. Doch die Mosel lebt nicht vom Wein allein: Vor allem bei Trier funkelt häufig auch der Viez im Glase, ein aus kleinen, sauren Äpfeln gewonnener Apfelmost.

Kleines kulinarisches Lexikon

Äppelfleisch – Schweineschulter mit Äpfeln und Zwiebeln geschmort, abgeschmeckt mit Moseltrester und Sahne. Eine der ›reicheren‹ Spezialitäten

Debbekoche oder Döbbekoche – Kuchen aus rohen, geriebenen Kartoffeln, Eiern, Zwiebeln und geräuchertem Bauchspeck, gewürzt mit Muskat

Dibbelabbes – Eine Variante des Debbekoche. Eine Masse aus geriebenen Kartoffeln, Zwiebeln, klein geschnittenen Mettwürsten, Eiern und Rauchspeck wird im Ofen gebacken. Man isst das Ganze heiß mit Apfelmus und trinkt dazu Kaffee

Kappesmengsel – Kartoffeln mit Sauerkraut und Kasseler

Moselkahn – überbackene Käse-Rahm-Brötchen

Schmer, Brockeschmer – Brotaufstrich, z. B. aus dem roten Weinbergpfirsich

Schnöbbelchesbunenzopp möt Grombereschniedcher (trierisch) – Suppe aus frischen, klein geschnittenen grünen Bohnen mit Reibekuchen

Trierer Reibekuchen – Kartoffelpfannkuchen mit Kräutern

Twerdich oder Teerdish (trierisch) – Kartoffelpüree und Sauerkraut miteinander vermischt (manchmal mit Eisbeinbrühe angereichert)

Viez oder Viz – nicht vergorener Apfelmost

Weincräwes – Schweinerippchen und Sauerkraut, gekocht mit Moselwein, gewürzt mit Zwiebeln und Lorbeer, serviert mit Kartoffelpürree und ausgelassenem Speck

Winzerbrot – Sauerteigbrot aus Weizen- und Roggenmehl mit Wein, Weinlaub, Lauch, Griebenschmalz und Walnusskernen, mitunter im Weinblatt

Winzerpfanne – Mahlzeit aus Bratkartoffeln und gebackener Blutwurst

Reiseinfos von A bis Z

Anreise

Mit dem Flugzeug

Das Moselland liegt im Airport-Dreieck Frankfurt, Köln und Luxemburg.

Flughafen Hahn: Tel. 06543 50 92 00, www.hahn-airport.de. Inzwischen auf zwei Terminals ausgebauter internationaler Flughafen für Charter- und Privatflugzeuge. Busverbindung nach Cochem über Zell und Bullay, nach Koblenz und Trier.

Luxemburg Findel: Tel. +352 246 40, www.aeroport.public.lu. Linienverkehr u. a. von Luxair und KLM. Shuttlebus nach Trier.

Mit der Bahn

Bis **Koblenz** verkehren regelmäßig IC- und EC-Züge aus allen Himmelsrichtungen. Etwa im Stundentakt geht es dann mit RB- oder RE-Zügen weiter über **Cochem** nach **Trier**. Allerdings verlässt die Strecke bei Bullay das Moseltal. Die Fahrt dauert je nach Zugart zwischen 1 ½ und 2 Stunden. Ohne Ermäßigung beträgt der einfache Fahrpreis ca. 18 €.

Von **Köln** aus verkehren ebenfalls im Stundentakt Züge durch die Eifel mit Endhaltestelle Trier; die Fahrt dauert zwischen 2 ½ und 3 ½ Stunden und kostet im Normaltarif je nach Zugkategorie 30–35 €. Mit einmaligem Umsteigen in Bullay ist auch Traben-Trarbach auf Schienen zu erreichen.

Gute Bahnverbindungen existieren zudem in Richtung **Luxemburg** und ins **Saarland**. Das von Kurt Tucholsky literarisch verewigte Moselbähnchen zwischen Trier und Bullay fährt hingegen schon seit 1967 nicht mehr. An seine Stelle traten Busverbindungen.

Mit dem Auto

Westlich von Koblenz quert die A 61 die Mosel und kreuzt die Eifelautobahn A 48. Eine Alternative bis Koblenz ist aus südlicher Richtung die gut ausgebaute Hunsrückhöhenstraße B 327, ins südliche Moselgebiet die A 8 über Saarlouis und Merzig.

Direkt nach Trier führt die A 1; sie ist über die A 64 mit den Schnellstraßen Luxemburgs verbunden.

Mit dem Schiff

Wer auf dem Rhein anreist, muss meist in Koblenz das Schiff wechseln. Zwischen Koblenz und Trier verkehren regelmäßig Linienschiffe. Für große Distanzen zuständig ist die **Köln-Düsseldorfer Rheinschifffahrt AG**, Frankenwerft 35, 50667 Köln, Tel. 0221 20 88 00, www.k-d.com. Kleinere Strecken bedienen die lokalen Schifffahrtsunternehmen.

Einreisebestimmungen

Bürger der EU-Staaten werden bei der Einreise nach Deutschland und Luxemburg nicht mehr kontrolliert. Schweizer müssen nach wie vor ihren Reisepass vorzeigen.

Feiertage

1. Januar: Neujahr
Karfreitag
Ostermontag
1. Mai: Tag der Arbeit
Christi Himmelfahrt
Pfingstmontag
Fronleichnam
23. Juni: Nationalfeiertag in Luxemburg

3. Oktober: Tag der deutschen Einheit
1. November: Allerheiligen
25./26. Dezember: Weihnachten

Feste und Festivals

Kein Monat im Moselland ohne ein Fest. In einer Rebenregion wie der Mosel (und der Saar) bietet natürlich allein schon der Wein das ganze Jahr über Anlass für fröhliche Feste. Gefeiert werden z. B. die Rebenblüte, die Traubenlese, der neue und der junge Wein, der Riesling, der Sekt, der Trester ...

Mosel WeinKulturZeit: Ende April–Ende Mai. Fünf Wochen und mehr als 60 Veranstaltungen rund um das Thema Reben, Kultur und Genuss – von Aktiverlebnissen im Wingert über Autorenlesungen und Ausstellungen bis zu weinkulturellen Führungen, Verkostungen und kulinarischen Offerten; http://wein-gourmetfestival.de.

Fest der Römischen Weinstraße: Anfang Mai. Alle 17 an dieser touristischen Route liegenden Weinorte, von Bekond über Klüsserath und Mehring bis Thörnich, präsentieren sich an diesem Frühlingswochenende in Schweich. Krönung der neuen Weinkönigin (Freitag) und musikalische Unterhaltung auf zwei Bühnen, Trödelmarkt.

Happy Mosel: Ende Mai/Anfang Juni. Autofreier Erlebnistag im Moselland. Auf 180 km ist die Moselweinstraße beiderseits der Mosel, von Schweich bis Cochem bzw. Winningen für Pkw gesperrt (9–19 Uhr). Kulturprogramm und Kulinarisches; www.happy-mosel.com.

Mosel Musikfestival: Juni–Anfang Oktober. Künstler aus aller Welt musizieren an fast zwei Dutzend historisch bedeutenden Stätten. Ihr Repertoire reicht von Klassik über Gospel, Jazz, Soul und Tango bis hin zu Rock und Chanson; www.moselmusikfestival.de.

Antikenfestspiele: Mitte Juni–Mitte Juli. Moderne Inszenierungen antiker und mythologischer Theaterstoffe vor der Kulisse von Triers Kaiserthermen und Amphiteater. Zudem Konzerte und Lesungen; www.antikenfestspiele.de.

Weinfest Zeller Schwarze Katz: Ende Juni. Festumzug, Feuerwerk, Livebands und römisches Spectaculum ergänzen Speis und Trank.

Internationales Trachtentreffen: Anfang Juli. Dutzende von Trachtenensembles und Musikkapellen aus ganz Europa beleben für ein Sommerwochenende die Hauptstraße und eine schwimmende Moselbühne in Kröv.

Historisches Wein- und Burgenfest: 1. Juliwochenende. Auf dem Marktplatz von Kobern wird u. a. mit Gesang gefeiert, der Chor begleitet am Sonntag auch die traditionelle Schifffahrt.

Moselwein-Festival: Mitte Juli. Am Moselufer von Trarbach trifft man sich vor den beiden Bühnen und im gemütlichen Weindorf bei Rebensaft, Musik und kulinarischen Köstlichkeiten. Zudem gibt es Höhenfeuerwerk von der Grevenburg.

Wein- und Sektfete: Mitte/Ende Juli. Fünf Rioler Winzer laden schon seit 20 Jahren auf wechselnden Weingütern zu Kultur (Ausstellungen, Musik) und Genuss (Wein, Speisen).

Winzertrachtenfest: 3. Julisonntag. Tanz und Folklore am Weinbrunnen in Enkirch.

Rhein in Flammen: Anfang/Mitte Aug. Bengalischer Feuerzauber u. a. im Raum Koblenz; interessante Perspektiven bieten sich dabei von einem der zahlreich zu diesem Anlass verkehrenden Flusskreuzfahrtschiffe.

Burgfest: 1. Augustwochenende. Cochems Reichsburg steht zwei Tage ganz im Zeichen von Rittern, Gauklern und Minnesängern.

Olewiger Weinfest: 1. Augustwochenende. Volksfest der Trierer Winzer längs der Olewiger Straße mit Festplatz, Livemusik, Ständen und Feuerwerk vom Petrisberg.

Brot und Spiele: Mitte August. Großes Römerspektakel in Trier. Drei Tage lange belebt Deutschlands älteste Stadt ihr antikes UNESCO-Welterbe mit kämpfenden Legionären, Handwerkern, Musikern und Genüssen aus der Zeit der Römer, Kelten und Germanen; www.brotundspieletrier.de.

Winningen, Weinfest: Ende August/Anfang September. Ältestes Weinfest der Mosel. Zehn Tage lang fließt aus dem Weinhex-Brunnen Moselwein statt Wasser.

Keltisches Weingelage: Ende August. Zeller Geschichte, nachgestellt von der Kaimter Theatergruppe inkl. typischer Kost – und die Winzer öffnen Keller wie Höfe.

Mehringer Winzerfest: Anf. September. Ältestes Winzerfest der Mittelmosel mit Winzerspiel und Weinprobe, Krönung der Weinkönigin.

Sagenhaftes Saarweinfest: Anfang September. Mittelalterliches Spektakel rund um den Saarwein auf der Burg von Saarburg. Darbietungen von Gauklern, Musikanten, Tänzern, Ritterschaukämpfe und historisches Markttreiben ergänzen die Attraktionen an der Wein(probier)straße.

Weinfest der Mittelmosel: 1. Septemberwochenende. Weinstraße, Winzerumzug und Feuerwerk in Bernkastel. Zudem ein Kunsthandwerkermarkt und weinfrohes Treiben auch in der Altstadt.

Schängelmarkt: Mitte September. Koblenz. Größtes Volks- und Stadtfest im nördlichen Rheinland-Pfalz. Verkaufsstände, mehrere Bühnen für Programme von Modeschau bis Musik und Kabarett.

Information

Mosellandtouristik GmbH: Kordelweg 1, 54470 Bernkastel-Kues, Tel. 06531 973 30.

Rheinland-Pfalz Tourismus GmbH: Löhrstraße 103, 56005 Koblenz, Tel. 0261 91 52 00.

Mittelmoseltouristik: Gestade 18a, 54470 Bernkastel-Kues, Tel. 06531 30 75.

Eifel Tourismus: Kalvarienbergstr. 1, 54595 Prüm, Tel. 06551 965 60.

Saar-Obermosel Touristik: Graf-Siegfried-Str. 32, 54439 Saarburg, Tel. 06581 99 59 80.

Botschaft des Großherzogtums Luxemburg, Abteilung Tourismus: Klingehöferstraße 7, 10785 Berlin, Tel. 030 25 75 77-3.

Infos vor Ort

Auch in den kleineren Gemeinden gibt es fast überall ein Fremdenverkehrsamt bzw. eine Auskunftsstelle im Rathaus, in der man Ortspläne, Infos zu Öffnungszeiten, Veranstaltungen, Bus- und Schiffsverbindungen sowie Broschüren erhält.

In Luxemburg

Landesverkehrsamt Luxemburg: 68–70 bd. de la Pétrusse, 1010 Luxemburg, Tel. +352 42 82 82 10.

Im Internet

www.mosellandtouristik.de: Aktueller Online-Service des Fremdenverkehrsamts für die gesamte Ferienregion Mosel-Saar-Ruwer mit breit gefächerter Info-Datenbank; auch Liste aller Fremdenverkehrsämter.

www.bernkastel.de: Offizielle Website des Fremdenverkehrsamts Mittelmosel und der Stadt Bernkastel-Kues mit E-Postkarten, Wetter, Live-Webcam.

www.eifel.info: Offizielle Website für

die Ferienregion Eifel mit Buchungstool, aktuellen Terminen, Prospektbestellmöglichkeit und Shop.

www.saar-obermosel.de: Offizielle Website der Region Saar-Obermosel unter touristischen Gesichtspunkten, u. a. mit Special zum Radfahren sowie Infos zu den Themen Wein, Handwerk, Einkaufen.

www.mosel.de: Selbstdarstellung aller Städte und Gemeinden im Moseltal. Unterkunftslisten (auch Direktbuchung), Last-Minute-Angebote. Links zu Brauchtum, Übersicht Burgen und Museen, historische Stätten. Angebote für Motorradfahrer.

www.die-mosel.de: Lebendig gestaltetes Journal für das Dreiländereck mit interessanten Artikeln z. B. zu Kork oder Kunst an der Mosel. Zudem elf Gebietsbeschreibungen inkl. der wichtigsten Feste, Straußwirtschaften, Wasserskizonen u. v .m., reichlich Werbung.

www.msr-wein.de: Alles über das Weinland Mosel-Saar-Ruwer: Weinfestkalender, detaillierte Regionalinfos, kleine Weinkunde inkl. Begriffsglossar, Köcheporträts und Dokumentation der Jahresauswahlproben.

www.mosel-reisefuehrer.de: Gut navigierbarer Internetführer des Rhein-Mosel-Verlags in Bad Bertrich. Umfassende Informationen zu (fast) jedem Moselort, breite Werbeplattform.

www.moselvielfalt.de: Gemeinsame Seite der Orte Trittenheim, Neumagen-Dhron, Piesport und Minheim mit vielen Informationen zu Kultur, Aktivitäten, Wein und Veranstaltungen.

www.rlp-info.de: Offizielle Website des Landes Rheinland-Pfalz, Sektor Tourismus, mit Unterkunftsverzeichnis, Buchungstool, Freizeittipps.

www.kulturland.rlp.de: Umfassender, regelmäßig aktualisierter Überblick über das Kulturangebot in Rheinland-Pfalz. Auch berühmte Persönlichkeiten der Region können mit ihren biografischen Daten abgefragt werden.

www.luxembourg.public.lu: Wegweiser (auf Französisch) zu den offiziellen Internetseiten des Großherzogtums (Regierung, Ministerien). Links zu den Themen Kultur und Tourismus.

www.visitluxembourg.lu: Homepage des nationalen luxemburgischen Fremdenverkehrsamts mit Infos (Broschüren als PDFs zum Herunterladen) zum gesamten Land.

Kinder

Familienfreundliche Unterkünfte

Das Moselland eignet sich recht gut für Familienurlaub, denn einen Großteil des Unterkunftsangebots in der Region machen die Ferienwohnungen aus. Bei entsprechender Quadratmeterzahl lassen sich in ihnen problemlos ein paar Tage mit Kindern jeglichen Alters verbringen. Manche dieser Unterkünfte halten sogar Kinderbett und Babyfon bereit und bieten einen Spielplatz vor der Haustür. Die gewachsene Infrastruktur der Moselorte garantiert in der Regel auch, dass man Windeln, Babynahrung etc. vor Ort kaufen kann.

Eine echte Alternative zu den Privatunterkünften sind die beiden Landal Green Parks in Leiwen und Kröv (www.landal.de). Verschiedene Bungalowtypen stehen hier zur Wahl. Zu ihrer Standardausstattung gehören Kinderbett, Kinderhochstuhl sowie eine Spielesammlung. Das Freizeitangebot ist groß, es reicht vom Hallenbad über den Minigolfplatz bis hin zum Streichelzoo. Die Anlage Landal Sonnenberg in Leiwen hat inzwischen sogar in der ehemaligen Tennishalle eine ›Spielestadt‹ eingerichtet. Sie ist – mit Ausnahme der Kletterwand – auch für

Gäste von außerhalb kostenlos zugänglich.

Unternehmungen mit Kindern

Bootstouren: Dampfer fahren oder selbst im Kanu paddeln, ja sogar auf einer orginalgetreuen römischen Galeere über die Moselwellen gleiten (ab Neumagen-Dhron) ist an der Mosel möglich. Angeboten werden die Touren in der Regel von April/Mai bis Sept./Okt.; die Bootsverleihe sind zu den gleichen Terminen geöffnet.

Burgen erkunden: Zahlreiche Burgen im Moselland bieten inzwischen interaktive Kinderführungen an oder haben zumindest kindgerechte Touren wie Geisterführung, Ritteressen etc. im Programm (z. B. Burg Cochem).

Erlebnisbäder: Riesenrutschen, Wasserfälle, Strömungskanäle – zahlreiche Schwimmbäder im Moselland haben spezielle Attraktionen für Klein und Groß (z. B. Schweich, Kröv, Leiwen, Treis-Karden, Bernkastel, Wittlich).

Fun, Tiere und Abenteuer: Kletterwald und Seilgarten fordern die Geschicklichkeit bei Traben-Trarbach; in Saarburg lockt die Sommerrodelbahn, im Freizeitpark Klotten gibt es neben Riesenrutschen und Kometenschaukel diverse Freigehege mit exotischen und einheimischen Wildtierarten. Vor den Toren von Trier können im Wildgehege Weißhauswald verschiedene Wild- und Fasanenarten besichtigt werden. Zu den Attraktionen des Eifelparks Gondorf zählen neben zahlreichen Tieren auch Shows und Fahrgeschäfte.

Museen: In Palzem können Groß und Klein das Bulldogmuseum mit Traktoren und anderen Landmaschinen besuchen. In Trier und Traben-Trarbach gibt es ein Spielzeugmuseum, in der nur knapp 20 km entfernten Hunsrückgemeinde Morbach ein Telefon- und ein Holzmuseum. Das Freilichtmuseum Roscheider Hof in Konz lädt mindestens einmal im Jahr zu einem speziellen Kindertag ein. In Saarburg und Schweich können historische Wassermühlen bestaunt werden.

Klima und Reisezeit

Wenn zu Ostern die ersten Moselschiffe ihre Touren starten, herrschen in den Flusstälern meist recht milde Temperaturen. Die Strahlen der Sommersonne heizen die dunklen Schieferhänge in den engen Windungen mitunter bis zu 40 °C auf. Im Spätherbst staut sich in den kurvigen, windgeschützten Flussschleifen allerdings häufig auch Nebel. Die durchschnittliche Jahrestemperatur beträgt an der Mittelmosel etwa 9 °C, auf den Höhen der Eifel und des Hunsrücks liegt sie deutlich niedriger. In diesen gebirgigeren Gebieten muss auch mit einer wechselhafteren Witterung gerechnet werden.

Oft tauchen Spätsommer und Frühherbst das Moselland in goldenes Licht; die Weinlese sowie eine Fülle von Winzerfesten mehren noch den Charme dieser Saison. Ab Oktober ist hingegen mit Hochwasser zu rechnen, daher schließen viele der ufernahen Campingplätze und Restaurants – meist bis Karfreitag.

Öffnungszeiten

Museen/Sehenswürdigkeiten: Oft nur von Ostern–Ende Okt./Anfang Nov.; Di–Sa/So 9/10–12/13 und 14/15–18 Uhr, Mo meist geschlossen.

Geschäfte: In Trier und Koblenz gelten großstädtische Ladenöffnungszeiten, in den Moselörtchen ist meist um 18 Uhr Feierabend und mittags geschlossen. Die Öffnungszeiten in Lu-

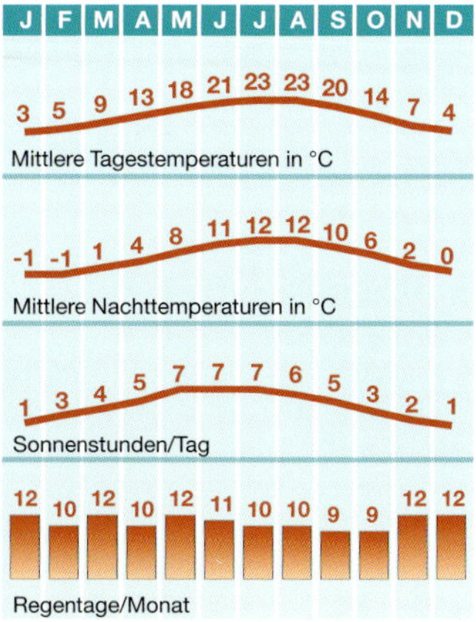

Klimadiagramm Trier

xemburg sind uneinheitlich und wechseln häufig.

Restaurants: An der Mosel haben die Restaurants meist durchgehend von 12 bis ca. 22 Uhr geöffnet; Weinkeller und Straußwirtschaften unter der Woche zum größten Teil ab 16 Uhr, Sa/So oft schon ab mittags. Straußwirtschaften haben nur Saisonbetrieb.

In Luxemburg herrschen gastronomisch französische Gepflogenheiten, d. h. ein Restaurant hat mittags und/oder abends geöffnet, eine Brasserie üblicherweise durchgängig, der Kaffee wird direkt nach dem Essen serviert, für Kuchenschlachten geht man in spezielle Cafés, die in der Regel spätestens um 19 Uhr schließen.

Reisen mit Handicap

»Barrierefreie Unterkünfte« nennt sich eine Broschüre der Mosellandtouristik, in der mehr als zwei Dutzend Hotels, Gasthöfe und Privatunterkünfte mit behindertengerechter Ausstattung aufgeführt sind. Zudem aufgelistet sind dort Wanderwege für Gehbehinderte und Rollstuhlfahrer sowie die Standorte von Behindertentoiletten.

Sport und Aktivitäten

Angeln

Angeln ist ein beliebter Freizeitsport an der Mosel. Angelscheine bekommt man bei den Verbandsgemeindeverwaltungen. Nähere Auskünfte erteilen die örtlichen Tourist-Informationen.

Baden

Die Wasserqualität der Mosel ist recht gut, man kann daher fast überall unbesorgt baden. Am Ufer finden sich zudem zahlreiche Freibäder; in Cochem, Kröv, Leiwen, Saarburg, Schweich, Treis-Karden, Trier, Wittlich und Zell existieren überdies Spaß- und Erlebnisbäder. Bernkastel-Kues, Bad Bertrich und Traben-Trarbach besitzen ein Thermalbad. In Nohfelden-Bosen und in Losheim liegen Badeseen mit Freizeitzentren.

Ballonfahrten, Drachenfliegen & Co.

Heißluftballonfahrten beginnen in der Regel bei Bernkastel, Schweich oder Traben-Trarbach. Ebenfalls gemächlich lassen sich die Moselschleifen sowie die Höhen von Hunsrück und Eifel per Segelflieger erkunden (Flugplätze in Büchel, Kell/Hunsrück, Konz-Könen, Neumagen-Dhron und Traben-Trarbach).

Drachen- und Gleitschirmfliegern bietet der Raum Bernkastel-Kues im Umkreis von maximal 20 km zahlreiche Startmöglichkeiten für jede Windrichtung (z. B. Mehring, Zeltingen-Rachtig, Burgen, Erden, Ürzig, Maring-Noviand). Man kann an der Mosel das ganze Jahr über fliegen, wobei von Frühling bis in den Herbst stundenlange Thermik- und Streckenflüge keine Seltenheit sind.

Gastpiloten sind in allen Geländen nach Einweisung durch ein Vereinsmitglied willkommen (B-Schein-Gelände).

Treffpunkt für Fallschirmspringer ist der Flugplatz Föhren. Von diesem Aerodrom aus sind auch Rundflüge über die Region möglich ebenso wie von Winningen-Koblenz, Hahn im Hunsrück, Traben-Trarbach, Neumagen-Dhron und Konz-Könen an der Saar.

Golf

In Ensch-Birkenheck steht ein 18-Loch-Platz zur Verfügung (Kontakt über den Golfclub Trier), ebenso am Cochener Krampen, wo zudem ein 9-Loch ›Executive Course‹ (Par 31) angelegt wurde, der auch ohne Platzreife und DGV-Mitgliedschaft genutzt werden darf (www.golf-club-mosel.de). Weitere Golfplätze liegen im Hunsrück bei Hahn-Lautzenhausen und Kirschweiler sowie in der Eifel bei Burbach, Hermesdorf und Hillesheim.

Inlineskaten

Immer häufiger sieht man auf manchen Radwegabschnitten längs der Mosel auch Inlineskater. Einige Gemeinden wie Riol oder Trier haben sich bereits mit Verleihstationen auf diesen Sport eingestellt. Schweich, Saarburg, Konz, Enkirch und Bernkastel-Kues bieten zudem Parks und Anlagen mit Half- und Quarterpipes.

Lehrpfade

Mehr als drei Dutzend Themenpfade erschließen die Besonderheiten des Mosellandes. Viele widmen sich dem Wein, aber es gibt auch zahlreiche Waldlehrpfade, archäologische und geologische Pfade und z. B. einen Schieferlehrpfad (durch das Kaulenbachtal), einen Grubenwanderweg (bei Fell), einen Steinlehrpfad (Trier), einen Geschichtslehrpfad (Wawern), einen Vogelschutzlehrpfad (Ensch) sowie den Skulpturenweg ›Steine am Fluss‹ entlang der Obermosel von Konz bis Palzem.

Radfahren

Es gibt ein weitverzweigtes, gut ausgebautes Radwege- bzw. Radstreifennetz, das mehrere Hundert mögliche Tourenkilometer umfasst, zum größten Teil mit nur mäßigen Steigungen. Sportliche Mountainbiker finden aber auch knackige, anspruchsvolle Trails durch die Weinberge und Wälder an den Hängen wie zum Beispiel bei Briedel oder um Traben-Trarbach.

Wer nicht mit dem eigenen Drahtesel ins Moselland kommen will, kann an zahlreichen Moselbahnhöfen, in vielen Hotels und Verkehrsvereinen Räder mieten, auch Kinderfahrräder und Babyaufsätze.

Vom 1. April bis zum 31. Oktober setzt die Moselbahn GmbH (Tel. 0651 968 00, www.moselbahn.de) einen speziellen Radlerbus ein. Er verkehrt zwischen Trier und Bullay bzw. Echternachbrück dreimal tgl. und bietet Platz für 22 Radfahrer und ebenso viele Fahrräder. Gäste, die aus Richtung Bernkastel auf dem Maare-Mosel-Radweg starten, haben inzwischen die Möglichkeit, per Bus von Daun zurückzufahren (www.regio-radler.de). Auch die Mitnahme von Rädern in der Bahn (Voranmeldung erbeten, Radfahrer-Hotline 01805 15 14 15) und auf den Personenschiffen ist möglich.

Die örtlichen Fremdenverkehrsämter bieten z. T. auch Tourenpakete für Radler bzw. Mountainbiker an, meist sogar mit Gepäcktransfer (z. B. Saar-Obermosel Touristik, Tourist-Information Trier Stadt & Land e. V., Tourist-Information Traben-Trarbach).

Zahlreiche radfahrerfreundliche Gasthäuser und Unterkünfte säumen die Strecken. Diese speziell klassifizierten

Der Umwelt zuliebe – nachhaltig reisen

Immer mehr Winzer in der Moselregion widmen sich dem **ökologischen Weinbau** (www.ecovin-mosel.de). Die derzeit ca. 40 Ecovin-Erzeuger verteilen sich vor allem im Bereich Obermosel-Saar und an der Mittelmosel um Traben-Trarbach. Engagierte Köche und Wirte an Mosel, Saar und Ruwer versuchen, weitgehend **Produkte aus der Region** zu verarbeiten – z. B. Wild aus der Eifel, Honig aus dem Hunsrück oder Obst und Gemüse von lokalen Erzeugern (www.regional-erste-wahl.de). Auch einige **Unterkunftsbetriebe** achten auf ökologische und baubiologische Faktoren – sei es mit gesundem Lehmputz an den Wänden oder allergiefreien Stoffen. So können Sie z. B. auf dem biologisch-dynamisch bewirtschafteten Demeter-Hof Schnee-Eifelhof in Sellerich (www.schnee-eifel-hof.de) in zwei besonderen Häusern aus Eifler Stammholz und Naturstein mit traditionellem Reetdach und Holzduschkabine übernachten.

Betriebe bieten besonders viel Service und Zusatzleistungen rund ums Radfahren.

In Trier (direkt an der Porta Nigra) und Saarburg (im Stadtpark) gibt es inzwischen auch spezielle Fahrradgaragen bzw. bewachte Bike-Parkplätze, wo die Zweiräder (samt Gepäck) gegen eine Gebühr sicher untergestellt werden können.

Einmal im Jahr dürfen Radler weite Uferstrecken sogar völlig ohne Autokonkurrenz für sich in Anspruch nehmen: am Sonntag nach Pfingsten, wenn die Parole ›Happy Mosel‹ gilt (s. S. 19). Etwas bescheidener, aber ebenfalls abgasfrei, verläuft der Radlersonntag ›Saarpedal‹ von Konz bis Merzig entlang der Saar (immer am 3. So im Mai).

Reiten

Vorwiegend in Richtung Eifel liegen hinter den steilen Moselrebbergen einige Gestüte und Reitanlagen. Direkt am Fluss können sich begeisterte Reiter für einen Ausritt an Vereine und Höfe z. B. der Gemeinden Konz-Könen, Leiwen/Neumagen-Dhron und Maring-Noviand wenden. Auch in Bernkastel-Kues, Cochem, Wittlich, am Valwiger Berg sowie in Saarburg und Trier bestehen Reitmöglichkeiten.

Wandern

Viele Schönheiten des Mosellandes erschließen sich nur auf Schusters Rappen. Mehr als ein Dutzend Naturschutzgebiete mit seltenen Pflanzen und Tieren sowie uraltem Baumbestand liegen in der Region, vor allem an der Untermosel. Hinzu kommt eine Fülle von Kulturdenkmälern und Sehenswürdigkeiten, die sich ebenfalls ausschließlich auf Wanderpfaden erreichen lässt. Der älteste, bekannteste und längste dieser Wege ist der **Moselhöhenweg**. Er zieht sich über annähernd 400 km zu beiden Seiten des Flusses hin. Auf der Hunsrückseite führt er von Koblenz bis Palzem an der deutsch-luxemburgisch-französischen Grenze, auf der Eifelseite von Wasserbillig an der Sauermündung bis Trier und von Schweich zurück bis nach Koblenz bzw. umgekehrt. Ca. 14 Tage sind nötig, um ihn komplett abzugehen. Nicht immer folgt das weiße ›M‹-Zeichen des historischen Pfads jedoch den Moselwindungen. Wer diese im Detail kennenlernen möchte, wählt Teilabschnitte oder schließt sich einer

Sicherheit und Notfälle

Notruf/Polizei: Tel. 110 (in Deutschland), 113 (in Luxemburg; auch Feuerwehr)
Feuerwehr/Ambulanz: Tel. 112 (Deutschland und Luxemburg)
Pannenhilfe: Tel. 018 02/22 22 22 (Deutschland), +352 45 00 45-1 (Automobile Club Luxemburg)
Kartensperre: Wer EC- oder Kreditkarte bzw. sein Mobiltelefon verloren hat, sollte unter der rund um die Uhr erreichbaren zentralen Nummer 0049 116 116 bzw. 0049 30 40 50 40 50 den Zugang sperren lassen (www.kartensicherheit.de).

Diplomatische Vetretungen in Luxemburg
Deutschland: Botschaft, 20-22, av. Emile Reuter, L-2420 Luxemburg, Tel. +352 453 44 51, www.luxemburg.diplo.de.
Österreich: Botschaft, 3 rue des Bains, L-1212 Luxemburg, Tel. +352 47 11 88, www.aussenministerium.at/luxemburg.
Schweiz: Botschaft, Forum Royal, 25A, bd. Royal, L-2449 Luxemburg, Tel. +352 227 47 41, www.eda.admin.ch/luxembourg.

der von den meisten Ferienorten zahlreich angebotenen Themen-, Rund- oder Sternwanderungen an. Sie führen z. B. auf Winzerhöfe, zu Burgen oder in Dorfkirchen mit historischen Orgeln. Ebenfalls möglich sind vorgebuchte Wanderwochen. Sowohl die Mosellandtouristik als auch die Gemeinden direkt bieten solche Pauschalen an.

Wassersport

Außer in den speziell gekennzeichneten Bereichen ist Segeln und Motorbootfahren überall auf der Mosel möglich. In annähernd zwei Dutzend Moselorten gibt es Anlegestellen, Tagesliegeplätze für Jachten, Slips und einen Bootsverleih – sogar für führerscheinfreie Motorboote. Zudem können in zehn Orten Kajaks und Kanus gemietet werden – z. B. in Kinheim, Konz, Piesport, Schoden und Traben-Trarbach. Die zwölf Staustufen des Flusses sind mit speziellen, für Sportboote geeigneten Schleusengassen versehen.

Für Wasserwanderer gibt es an Mosel und Saar fast 50 Ein- und Ausstiegsstellen – vom PSV Koblenz bis zum Rudersportclub Saarburg. Weitere Infos zur Wasserwanderroute Mosel fasst ein Flyer gleichen Titels zusammen, der in allen Tourist-Informationen im Moselland ausliegt und zusätzlich durch die Kanuverleihstationen verteilt wird. Im Internet unter: www.gelbewelle.de.

Wasserskifahren ist auf rund einem Dutzend Flussabschnitten zwischen Trier und Koblenz möglich; vor allem zwischen Winningen und Cochem, aber z. B. auch bei Traben-Trarbach. Jet-Ski sind hingegen kaum noch erlaubt. Die Surfer kommen oberhalb der Stauwehre von Mosel und Sauer auf ihre Kosten, Wildwasserfahrer bei Irrel.

Wellness

Schon die Römer ließen es Körper und Seele wohlergehen an der Mosel bzw. in ihren Seitentälern. Zwei Quellen bildeten die Basis für ein reges Bäderleben. Ende des 20. Jh. verwandelte sich eines dieser Kurbäder zu einem der exklusivsten Ayurveda-Zentren Europas.

Ein internationales und bisweilen recht hochkarätiges Publikum kommt inzwischen in den indischen Heiltempel, der im Traben-Trarbacher Stadtteil Bad Wildenstein aus dem historischen Kurhaus erwuchs und neben der klassischen Lehre des Maharisi Ayur-Ved auch Anti-Aging und Anti-Stress-Arrangements zu seiner Angebotspalette zählt. Ansonsten haben bislang an der Mosel nicht allzu viele Hoteliers dem Trend Rechnung getragen und bieten in ihren Häusern Entspannungs- und Beauty-Offerten an – dazu gehören u. a. das Kurhotel Parkschlösschen in Traben-Trarbach (s. S. 69), das Weinromantikhotel Richtershof in Bernkastel-Kues (s. S. 77) oder Victor's Residenz-Hotel Schloss Berg in Perl-Nennig (s. S. 105).

Telefon

Vorwahl nach Luxemburg: +352; im Land selbst gibt es keine Ortsvorwahlen.
Vorwahl von Luxemburg: nach Deutschland 0049, Österreich 0043, in die Schweiz 0041.

Verkehrsmittel

Auto

Nahezu allen Moselwindungen folgt ein Straßenband, abwechselnd am rechten und am linken Ufer. Zahlreiche Brücken und Fähren verbinden die beiden Seiten des Flusses. In den engen Gassen der alten Moselörtchen gestaltet sich das Fahren allerdings oft schwierig; auch Parkplätze sind hier rar. Wer nicht mit dem eigenen Auto fahren möchte, findet Mietwagenstationen z. B. am Flughafen Hahn (Gebäude 500), in Koblenz (z. B. am Bahnhof und in der Andernacher Str. 190–192), in Trier (ebenfalls u. a. am Bahnhof) sowie in Wittlich (Friedrichstr. 58).

Ausflugsdampfer und Boot

Zu den schönsten Arten, das Moselland zu erkunden, gehören zweifellos die Schifffahrten. Zahlreiche Schifffahrtunternehmen verkehren zwischen gut einem Dutzend Anlegestellen in kleineren Uferorten. Manche dieser Schiffsgesellschaften bieten auch mehrtägige Kreuzfahrten an. Von Mai bis Oktober werden tgl. Schifffahrten durchgeführt; der Fahrscheinverkauf erfolgt an Bord. Auskunft erteilen die Mosellandtouristik, die örtlichen Fremdenverkehrsämter, die Entente Touristique de la Moselle Luxembourgeoise in Grevenmacher (Tel. +352 75 82 75) oder man wendet sich direkt an die Unternehmen, z. B. Hans Michels Personenschifffahrt, Bernkastel-Kues (Tel. 06531 82 22), Rhein- und Moselschifffahrt Collée-Hölzenbein, Koblenz (Tel. 0261 377 44), Undine Personenschifffahrt, Cochem (Tel. 02671 74 31), Gebr. Kolb OHG, Briedern (Tel. 02673 15 15), Luxemburger Personenschifffahrt Navitours, Grevenmacher (Tel. +352 75 84 89). Ab Kröv verkehrt auch ein Schaufelraddampfer. Und ab Neumagen-Drohn ist die Replik eines römischen Weinschiffs unterwegs (s. S. 83). Wer selbst Kapitän spielen möchte, kann in nahezu allen Moselorten ein Boot mieten.

Bus

Das Busnetz im Moselland ist recht gut ausgebaut, die Fahrzeuge der Moselbahn GmbH (www.moselbahn.de) fahren häufig und halten nahezu an jedem Moselort. Zu den wichtigsten Abfahrtsstellen zählen Koblenz, Cochem, Bullay, Zell, Trarbach und Bernkastel. Außerdem gibt es auch Reisebusse für Ausflüge nach Luxemburg: in Trier und Koblenz bei den Infostellen nachfragen.

Unterwegs an der Mosel

Von den steilen Rebhängen am Moselufer bietet sich vielerorts ein atemberaubender Blick auf das mäandernde Band des Flusses. Zu den schönsten dieser Panoramen zählt jenes von den fast vierhundert Meter hohen Riesling-Terrassen des Calmont bei Bremm hinab zu einer der engsten und vollkommensten Schleifen, die die Mosel zwischen Quelle und Mündung zieht.

Von Koblenz nach Zell

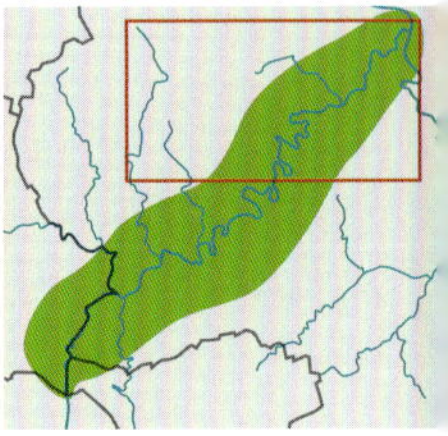

Koblenz ► J/K 1, Cityplan S. 34

Wer als Tourist in die historische Garnisonsstadt kommt (heute ca. 106 000 Einw.), lenkt seine Schritte gewöhnlich zuerst zum Deutschen Eck am Zusammenfluss von Rhein und Mosel – *fluvii confluentes* nannten die Römer diese Stelle, daher der Name Koblenz. Dahinter drängt sich im Westen bis zur Moselbrücke die eher ruhige, nach den Bombenschäden des Zweiten Weltkriegs weitgehend rekonstruierte Altstadt mit ihren engen Gassen und intimen Plätzen.

Von den Höhen des gegenüberliegenden Rheinufers grüßt majestätisch die mittelalterliche **Festung Ehrenbreitstein** 1 (direkt 1 | S. 32). In ihrem Schatten wurden sowohl der Dichter Clemens von Brentano geboren als auch Maria Magdalena Kewerich, die Mutter Beethovens.

Seit 2002 ist Koblenz das nördliche Tor zum UNESCO-Erbe Oberes Mittelrheintal und seit 2005 steht das Bodendenkmal Kastell Niederberg im gleichnamigen rechtsrheinischen Stadtteil als Abschnitt des Obergermanisch-Rätischen Limes auf der UNESCO-Welterbeliste.

Deutsches Eck

Am Mündungsdreieck von Rhein und Mosel thront das **Kaiser-Wilhelm-Denkmal** 2, das ursprünglich 1897 errichtet und nach Kriegszerstörung erst 1993 wieder aufgestellt wurde.

Museum Ludwig 3

Danziger Freiheit 1 (Deutschherrenhaus), www.ludwigmuseum.org, Di–Sa 10.30–17, So und Fei 11–18 Uhr, Do vor Karneval, Karnevalsdienstag, Karfreitag sowie 24., 25. und 31. Dez. geschl., 2,50 €, Sonderausstellungen zusätzl. Eintritt

In der ersten Niederlassung des Deutschen Ordens werden zeitgenössische Kunst, vor allem von französischen Künstlern, aus der Sammlung Ludwig und internationale Wechselausstellungen zu vielfältigen Themen gezeigt.

Basilika St. Kastor 4

Kastorhof, tgl. 9–18 Uhr

Der spätromanische Bau mit seinen zwei hohen West- und zwei niedrigeren Osttürmen geht zurück auf eine 836 geweihte karolingische Kirche und war Ort der ersten Verhandlungen über eine Teilung des Reiches Karls des Großen. Das Innere birgt ein eindrucksvolles Sternengewölbe sowie herrliche gotische Grabmäler. Der Blumenhof nebenan gehört zu den Relikten des einstigen Dominikanerklosters.

Florinskirche 5

Florinsmarkt, tgl. 9–18 Uhr

Ursprünglich geistiges Zentrum eines bedeutenden Stifts, an dem u. a. Nicolaus Cusanus das Probstamt innehatte, birgt das doppeltürmige Gotteshaus (11./12. Jh.) herrliche mittelalterliche Wandmalereien und kostbare gotische Glasfenster.

Kauf- und Schöffenhaus 6

Florinsmarkt 15, Öffnungszeiten s. Mittelrhein-Museum

Die Fassade des 1419–1425 erbauten Hauses ziert der ›Augenroller‹, eine schwarze Männerfratze, die (da mit dem Pendel einer Uhr verbunden) die Augen rollt und zur vollen Stunde die Zunge herausstreckt. Sie erinnert an das Schöffensiegel, das sich die Koblenzer im Mittelalter bei ihren – allerdings nur für kurze Zeit erfolgreichen – Bestrebungen nach Unabhängigkeit von den Trierer Erzbischöfen prägen ließen.

Mittelrhein-Museum 7

Florinsmarkt 15-17 (im Schöffenhaus-Ensemble), www.mittelrhein-museum.de, Di–Sa 10.30–17, So und Fei 11–18 Uhr, 1. Jan., Karnevalsdienstag, Karfreitag, Ostermontag sowie 24., 25. und 31. Dez. geschl., 2,50 €, Sonderausstellungen zusätzl. Eintritt

Das Museum präsentiert Zeugnisse aus der Stadtgeschichte, rheinische Malerei und Plastik vom Mittelalter bis zur Neuzeit und historisches Kunstgewerbe.

Münzplatz

Seit dem 11. Jh. wurde hier ein Großteil des Trierer Geldes geprägt. Die genaue Stelle markiert das Münzmeisterhaus (18. Jh.; nur von außen zu besichtigen). Am Westrand des großen Areals erhebt sich das **Stadtpalais** 8 der bedeutenden rheinischen Adelsfamilie Metternich (heute Ausstellungshalle und Jugendbegegnungsstätte). Klemens, im 19 Jh. kaiserlicher Haus-, Hof- und Staatskanzler, wurde hier geboren. An einem Haus hinter der auf römischen Fundamenten erbauten **Alten Burg** 9 (ehemalige Hauptresidenz vieler Trierer Erzbischöfe und Kurfürsten) ist ein weiterer Augenroller zu sehen.

Balduinbrücke 10

Ursprünglich erbaut unter Kurfürst Balduin von Luxemburg (14. Jh.), gilt der Bogenbau als älteste Steinbrücke von Koblenz. Im Krieg zerstört, wurde sie 1949 wiedererbaut und in den 1960er-Jahren im Zuge der Schiffbarmachung der Mosel durch Teilabriss verändert. Noch immer bietet sich von hier ein schöner – auch von Malern immer wieder festgehaltener – Altstadtblick.

Liebfrauenkirche 11

tgl. 9–18 Uhr

Die Kirche steht auf den Grundmauern eines Gotteshauses aus dem 5. Jh., des ältesten der Stadt. Hinter ihm öffnet sich der **Plan**, der Fest- und Marktplatz, mit einigen schönen Barockhäusern. Die Eckhäuser von Löhrstraße und Altengraben bilden das **Vier-Türme-Ensemble** 12 mit reicher Erkerzier.

Kurfürstliches Schloss 13

Erbaut wurde das Schloss 1777–1786 für Kurfürst Clemens Wenzeslaus. Von 1850 bis1857 amtierte hier als preußischer Militärgouverneur ▷ S. 34

Schängelcher

Die Koblenzer tragen den Spitznamen ›Schängelcher‹ – abgeleitet vom französischen Vornamen Jean und Synonym für ›unerschrockener Bengel‹. Denn als solche verstehen sie sich – vor allem, wenn es um ihr Verhältnis zur Obrigkeit geht. Zu Beginn des 20. Jh. erhielt ›Dat Kowelenzer Schängelche‹ sogar ein eigenes Lied; und am Rathausplatz steht der Schängelbrunnen.

1 | Bollwerk am Deutschen Eck – Festung Ehrenbreitstein

Karte: ▶ K 1 | **Cityplan:** S. 34

Wussten Sie, dass Ehrenbreitstein von Preußen als geografische Mitte einer von Wesel bis Rastatt reichenden Festungslinie gebaut wurde und richtungsweisend für den gesamten europäischen Festungsbau war? Nur das Bollwerk von Gibraltar vermochte die historische Größe der Koblenzer Festung zu übertrumpfen.

Wie ein Stein gewordener, unregelmäßig gezackter Stern wirkt **Ehrenbreitstein** 1 aus der Luft. Und vom Flussufer am Deutschen Eck steigt der Blick fast 120 m hinauf zu dem mächtigen, auf drei markanten Bergflanken thronenden Bollwerk. Auf Geheiß von König Wilhelm III. wurde es zwischen 1817 und 1828 errichtet – bis zu 6500 Handwerker und Tagelöhner schufteten an dem gigantischen Bau. Die sowohl wehrhafte als auch repräsentative Anlage ruht auf zahllosen Zivilisationsschichten, die zurückreichen bis in die Jungsteinzeit. Und offenbar schon der bronzezeitliche Mensch sorgte für Schutzbauten auf dem Areal – denn dessen Nordseite, ein sanft zum Westerwald hin ansteigendes Plateau, bot Angreifern keinerlei natürliches Hindernis. Bei archäologischen Grabungen wurden an dieser einstigen strategischen ›Schwachstelle‹ mehr als 5000 Jahre alte Verteidigungsgräben und Holzpalisaden entdeckt.

Bischöfliche Raffinesse

Für den weiteren militärischen Ausbau der Koblenzer Festung sorgten vor allem die Trierer Erzbischöfe. Nachdem ihnen vom Reich die Hoheit über Koblenz und die Mittelrhein-Region zugesprochen worden war, begannen sie im 11. Jh. eine auf dem Ehrenbreitstein vorhandene kleine Burg zum wehrhaften Zentrum ihrer Macht am Rhein auszubauen. Bischof Hillin ließ dann einen gewaltigen Bergfried errichten und die Nordflanke durch den nach ihm benannten Hellengraben sichern. 400 Jahre später beherrschten die Trierer Herren das Rhein-Mosel-Eck mit einer der raffiniertesten Festungsanlagen ihrer Zeit. Den französischen Revolutionsarmeen gelang die Übernahme des kurtrierischen Bollwerks nur durch Aushungern und Verrat; 1801 sprengten sie es.

Bis die Preußen mit dem Bau ihrer Festung begannen, nutzte die Koblenzer Metzgerzunft das Trümmerfeld als Viehweide. Bei Ausbruch des Ersten Weltkrieges spielte die Festung Ehrenbreitstein militärisch schon längst keine Rolle mehr. 1922 wäre sie trotzdem beinahe geschleift worden – aufgrund der Entwaffnungsbestimmungen des Versailler Vertrages. Eingaben von Einheimischen und dem amerikanischen Besatzungsoffizier bewirkten aber, dass die Wehranlage wegen ihrer kulturhistorischen, architektonischen und landschaftsprägenden Bedeutung verschont wurde.

Neues zur Bundesgartenschau

Zur Gartenschau 2011 (www.buga2011.de) entsteht im Vorgelände der markanten Anlage ein Landschaftspark. Und eine Kabinenseilbahn wird die Besucher von den Rheinanlagen über den Fluss auf das Festungsplateau bringen.

Infos

Festung Ehrenbreitstein 1: www.festungehrenbreitstein.de, tgl. geöffnet.
Fähre von Koblenz: April tgl. 8–18, Mai–Nov. tgl. 7–19, Rosenmontag 8–18 Uhr.
Seilbahn: Zur Bundesgartenschau nimmt eine neue Seilbahn ihren regulären Betrieb vom Deutschen Eck hoch zur Festung auf; mit BUGA-Ticket kostenlos, sonst Erw./Kind 8/4 €.

Ebenfalls sehenswert

Landesmuseum Koblenz 14: auf der Festung Ehrenbreitstein, Tel. 0261 667 50, www.landesmuseum koblenz.de, aktuelle Öffnungszeiten bitte der Website entnehmen oder telefonisch erfragen, da für die Zeit nach der Bundesgartenschau Baumaßnahmen vorgesehen sind. Staatliche Sammlung technischer Kulturdenkmäler: vom Weinbau über den Audi-Gründer Horch bis hin zur Zinngießerei und Bimssteingewinnung.
Rhein-Museum 15: Charlottenstr. 53a, Ehrenbreitstein, www.rhein-museum.de, Di–So 10–17 Uhr, 5 €. Zeigt eine interessante Sammlung rund um Vater Rhein.
Beethoven-Gedenkstätte 16: Wambachstr. 204, Ehrenbreitstein, 15. April–14. Okt. Di–Sa 12–17, So 12–16 Uhr, Eintritt frei. Hier, im Geburtshaus seiner Mutter, werden Erinnerungen an den großen Komponisten lebendig.

Essen und Trinken

Über den Felsenweg erreichbar ist das **Restaurant-Café Ferrari 7**, Tel. 0261 973 09 16, tgl. ab 10 Uhr, auf der oberen Schlossterrasse der Festung. Vom Sommergarten genießen Sie einen herrlichen Blick auf das Deutsche Eck. Serviert werden regionale und internationale Spezialitäten für ca. 9–13 €.

Unterkunft

Die **Jugendherberge 5** in der Festung Ehrenbreitstein, Tel. 0261 97 28 70, koblenz@diejugendherbergen.de, pro Person ab 19,90 € inkl. Frühstück, auch Familienzimmer, auf Wunsch HP und VP. Die Lage ist exquisit, der Preis allemal.

der spätere Kaiser Wilhelm I. mit seiner Gattin Augusta. Heute dient der 1950 wiedererrichtete Bau als Behördensitz.

Rheinanlagen 17

In ihrem südlichen Teil trägt die 3,5 km lange, linksrheinische Uferpromenade den Namen Kaiserin-Augusta-Anlagen. Denn es war die Gemahlin von Kaiser Wilhelm I., die ihre Gestaltung Mitte des 19. Jh. in Auftrag gegeben hatte – nach Plänen von Fürst Pückler-Muskau und dem preußischen Gartenbaumeister Peter Joseph Lenné (er gestaltete u. a. den Park von Sanssouci und die Berliner Pfaueninsel). In den Rheinanlagen steht das achteckige historische **Rheinkranhaus** (17. Jh), das später als Pegelhäuschen genutzt wurde.

Übernachten

Charmant klar – **Hotel Stein** 1: Mayener Str. 126, Tel. 0261 96 35 30, www.hotel-stein.de, DZ 105–115 €. Zeitgenössisches Design in angenehmer Transparenz prägt die 30 Zimmer. Engagierte, moderne Küche im Restaurant Schiller's.

Koblenz

Sehenswert
1 Festung Ehrenbreitstein
2 Kaiser-Wilhelm-Denkmal
3 Museum Ludwig
4 Basilika St. Kastor
5 Florinskirche
6 Kauf- und Schöffenhaus
7 Mittelrhein-Museum
8 Stadtpalais Metternich
9 Alte Burg
10 Balduinbrücke
11 Liebfrauenkirche
12 Vier Türme
13 Kurfürstliches Schloss
14 Landesmuseum Koblenz
15 Rhein-Museum
16 Beethoven-Gedenkstätte
17 Rheinanlagen

Übernachten
1 Hotel Stein
2 GHotel &Living
3 Fährhaus am Stausee
4 B&B Hotel Koblenz
5 Jugendherberge

Essen und Trinken
1 Restaurant Augusta
2 Jaumanns Kochplatz
3 Weinhaus Hubertus
4 Blumenhof
5 Historischer Weinkeller
6 Weindorf Koblenz
7 Restaurant-Café Ferrari

Einkaufen
1 Entenpfuhl
2 Obere Löhrstraße
3 Schloßstraße

Ausgehen
1 S 38 Nachtleben
2 Kulturfabrik

Am Bahnhof – **GHotel & Living** 2: Neversstr. 15, Tel. 0261 200 24 50, www.ghotel.de, DZ ab 78 € (ohne Frühstück). Im Juli 2010 eröffnetes 120-Zimmer-Haus in direkter Bahnhofsnähe mit moderner Ausstattung in hellen Farben und WLAN.

Mit Moselblick– **Fährhaus am Stausee** 3: An der Fähre 3, Tel. 0261 92 72 90, www.faehrhaus-am-stausee.de, DZ 85–98 €, günstige Wochenendpauschalen. Komfortables kleines 3-Sterne-Haus mit anspruchsvollem Restaurant ca. 4 km von der Altstadt.

Bunt – **B&B Hotel Koblenz** 4: Bardelebenstr. 6, Tel. 0261 13 37 40, www.hotelbb.de, DZ ab 61 €. Farbenfrohes, junges 100-Zimmer-Haus, auch 4-Bett-Räume.

Günstig – **Jugendherberge** 5: s. S. 33

Essen und Trinken

Kaiserinnen-Blick – **Restaurant Augusta** 1: Rheinzollstr. 2a, Tel. 0261 91 44 68 22, Di–So. Fleisch, Gemüse und Wein aus der Region, auch Fisch, lichtes Ambiente: z. B. Ochsenbäckchen mit Trauben-Lauch-Gemüse 17,50 €.

Zeitgeist-Eleganz – **Jaumanns Kochplatz** 2: August-Thyssen-Str. 23, Tel. 0261 91 47 77 80, www.kochplatz.de, Mo–Fr 12–14.30 und 18–24, Sa 18–24 Uhr. Schneller Lunch oder edles Dinner beim TV- und Witzigmann-›Palazzo‹-Koch in offenem, modernem Ambiente. Hauptgerichte ab 28 €.

Schoppenvielfalt – **Weinhaus Hubertus** 3: Florinsmarkt 6, Tel. 0261 311 77, www.weinhaus-hubertus.de, Mi–Mo ab 16 Uhr. Urige kleine Wirtschaft mit hausgemachten Schmankerln wie Saumagen und Winzersteak in einem 1689 erbauten Fachwerkhaus. Hauptgerichte ab 9 €. 30 offene Weine.

Natur-Aromen – **Blumenhof** 4: Deutsches Eck, Tel. 0261 973 26 98, Mi–Mo. Schöne Mischung aus kreativem Neuem und Tradition – sowohl auf dem Teller als auch in Sachen Ambiente. Produkte überwiegend aus der Vulkaneifel (artgerechte Haltung, biolog. Landwirtschaft), Verzicht auf Zusatzstoffe. Hauptgerichte ab ca. 13 €.

Anspruchsvoll – **Historischer Weinkeller** 5: Mehlgasse 14-16, Tel. 0261 973 89 87, www.weinkeller-koblenz.de, Di–Sa ab 18.30 Uhr, Weinbar ab 17 Uhr. Zander im Orangen-Thymian-Sud, krosser Schweinebauch mit Scampi und Erbsencreme – oder einfach nur eine Käseauswahl von Affineur G. Waltmann mit dreierlei Chutney. Restaurant (Hauptgang ab 25 €) und Weinbar (ab 4,90 €).

Blick aufs Eck – **Restaurant Café Ferrari** 7: s. S. 33

Einkaufen

Lier für alles – Eine große Bandbreite an fast ausschließlich inhabergeführten Geschäften finden Sie in der Nähe des **Entenpfuhls** 1 (www.altstadt-carree.de), in der **Oberen Löhrstraße** 2 mundartlich ›Lier‹, (www.obere-loehr.de) sowie in der **Schloßstraße** 3.

Ausgehen

Nightlife aktiv – **S 38 Nachtleben** 1: Schloßstr. 38, www.s38-koblenz.de, Fr und Sa ab 23 Uhr. Elektro-Club, mitunter auch mit Techno u. a., in dem man ordentlich abtanzen und abfeiern kann – So früh bis 5 Uhr.

Klänge & Co. – **Kulturfabrik** 2: Mayer-Alberti-Str. 11, Koblenz-Lützel, Tel. 0261 852 80, www.kufa-koblenz.de. Performances, Kabarett, Musik von Klassik bis Rock.

Sport und Aktivitäten

Erlebnisführungen – **Stadtrundgänge** z. B. zum Thema Wein auf Koblenzer Gemarkung und durch drei Weinwirtschaften (Fr 17 Uhr, 2 Std., 19 €) oder Kostümtour ›Achtung! Die Briten kommen!‹, bei der ein rheinisch-preußischer Soldat einem englischen Fräulein ›sein‹ Coblenz von 1852 zeigt (So 11, Mi 19 Uhr, 1 ½ Std., 10 €). Termine und Anmeldung: Tel. 0261 13 09 20 oder stadtfuehrungen@koblenz-touristik.de.

Wandern – **Rheinsteig:** Von Koblenz aus bieten sich gleich zwei Rheinsteigrouten an: Vom Rheinufer, wo die Vor-

Weindorf Koblenz

Bereits 1925 zur Ausstellung ›Deutscher Wein‹ errichteten die Koblenzer ihr **›Weindorf‹** 6 am Rheinufer – mit vier jeweils typischen Winzerhäusern nachempfundenen Fachwerkhäusern. Auch heute noch können Sie im Nahehaus, Moselhaus oder Kapellchen regionale Weine probieren und speisen. Weitere Infos unter www.weindorf-koblenz.de.

Bei den Weinfesten gibt's auch kräftig was auf die Ohren

bereitungen für die Bundesgartenschau 2011 laufen, führt eine 10 km lange Tour vorbei an der Festung Ehrenbreitstein nach Vallendar am Rhein. 13 km sind es in südlicher Richtung bis in die spektakuläre Ruppertsklamm.

Infos und Verkehr

Tourist-Information: Bahnhofsplatz 17, Tel. 0261 313 04; Historisches Rathaus, Eingang Jesuitenplatz, Tel. 0261 13 09 20, www.koblenz-touristik.de.
Züge: Hauptbahnhof, Bahnhofsplatz 2 (Gebäude von 1902, Teil des UNESCO-Welterbes Oberes Mittelrheintal). ICE und IC, Regio-Express u. a. nach Köln, Frankfurt, Trier sowie ins Lahntal. Anschluss an den ÖNPV (www.vrm-info.de, www.rmv-bus.de).

Termine

Rhein in Flammen: 2. Sa im Aug. Die Burgen, Schlösser und Orte entlang des Rheins zwischen Braubach und Koblenz sind in bengalisches Licht getaucht. Extra-Schiffstouren zum Feuerwerk.

Koblenzer Schängelmarkt: Mitte Sept., 3 Tage. Kauf- und Kulturangebot mit Mundart-›Schängel‹-Theater unter freiem Himmel im Herzen der Altstadt.

Winningen ►J 1

Ein ungleiches Paar hat den schönen Weinort Winningen bekannt gemacht: die **Weinhex** und **August Horch**. Der große Automobilpionier (1868–1951) und Gründer der Audi-Werke (Audi ist die lateinische Übersetzung des Familiennamens Horch) erblickte in der Fährstraße 19 das Licht der Welt und wird heute im **Wein- und Heimatmuseum** (Große Schule, Schulstr. 5, Mai–Mitte Nov. Mi u. Sa 15–16.30 Uhr, 1 €) nahe der spätromanischen Pfarrkirche mit einer kleinen Ausstellung geehrt. Sein Geburtshaus ist inzwischen eine Pension mit z. T. noch authentischer Möblierung aus dem 19. bzw. frühen 20. Jh.: Horchpension, Tel. 02606 22 84, www.horchpension.de, DZ 50–70 €.

Weinhex

Über die auf einem Besen reitende Dame erzählen die Winninger gern, sie verkörpere eine garstige Winzersfrau, die ihr Mann auch noch beim Weindiebstahl erwischte. Tatsächlich erinnert die Figur der ›Hex‹ an den in Winningen besonders stark und lange verbreiteten Hexenwahn. Noch im 17. Jh. verbrannte man laut Gerichtsakten 21 Frauen auf dem ›Hexenhügel‹ (Heideberg). Ein Gedenkstein erinnert an sie.

Die ›Hex‹ hinterließ ihre Spur nicht nur in Gestalt einer Brunnenfigur, sondern auch in zahlreichen Kneipennamen und Fassadendekorationen sowie natürlich als Bezeichnung für die Weingroßlage des Ortes (ca. 2500 Einw.), die bis fast nach Moselkern reicht. Stattliche **Winzerhäuser** stehen vor allem in der Bachstraße und in der Bahnhofsstraße; ein historisches Fachwerkhaus am Weinhof 2 wurde zur **Vinothek im Winninger Spital** – mit Ausstellungen, Weinproben, Wein- und Kulturgeschichten (Mai–Okt. Mi–Sa 15–20, So/Fei 14–19, Nov.–April Fr–So 15–18 Uhr, www.vinothek-winningen.de).

Essen und Trinken

Vielseitig – **Gutsschänke Schaaf:** Fährstr. 6, Tel. 02606 597, www.gutsschaenke.com, Di–Sa ab 17, So/Fei ab 12 Uhr, Mai–Ende Aug. auch Mo. Hauptgerichte ab 12,50 €. Angenehm schlichte Atmosphäre, ländliche, vielseitige Frischeküche: z. B. Dinkelauflauf mit Blattspinat oder Spieß vom Lammrücken unter Ruccolapestokruste. Exzellente Weine aus der Region.

Infos und Verkehr

Verkehrsamt: August-Horch-Str. 3, Tel. 02606 22 14, www.winningen.de, Mo–Fr 8–12 und 13–17 Uhr.
Züge: stdl. verkehren Regionalbahnen von/nach Koblenz Hbf. (Fahrzeit ca. 10–15 Min.).

Termine

Weinfest: letztes Wochende im August bis erstes Wochenende im Sept. Folklorereiches, traditionelles Winzerfest – das älteste der Mosel, heißt es. 10 Tage lang fließt aus dem Weinhex-Brunnen Moselwein statt Wasser.

Kobern-Gondorf ▶ J 1

Kaum irgendwo sonst an der Mosel liegen Vergangenheit und Gegenwart so eng beieinander wie in diesem Ort (ca. 3500 Einw.): Mit dem Zug oder Auto fährt der Besucher auf dem linken Flussufer mitten durch die historische Wasserburg. Am Fuß des mittelalterlichen Stammsitzes der Fürsten von Leyen führt heute eine schmale Rampe hinab zum Wasser, und Kanufahrer besteigen hier ihre Boote. Radfahrer flitzen derweil den Uferweg entlang, die Köpfe hinaufgereckt zum benachbarten **Schloss**. Es ist der erst im 19. Jh. erbaute, von einem herrlichen Park umgebene prachtvolle Sitz der Barone von Liebieg.

Vom Ufer des fachwerkreichen Niederfell gegenüber bietet sich der beste Blick auf den Burgberg Gondorfs und das Schlösser-Ensemble. Direkt auf der Brückenmitte lohnt ebenfalls der Halt – von hier schaut man sehr schön hinein ins Moseltal und hinauf zu den markanten Wahrzeichen von Kobern: der

Matthiaskapelle und der Ruine Oberburg (s. u.). Bereits Kaiser Maximilian machte auf seiner Reise zum Reichstag in Trier in Gondorf Station, um den hl. Lubentius zu ehren, einen der ersten christlichen Missionare im Moselland (4. Jh.).

Den Ortskern am **Marktplatz** prägen Fachwerkhäuser des 17. und 18. Jh. sowie der Tatzelwurmbrunnen. Das **Burghaus**, der Wohnturm der Herren von Kober in der Peterstraße, wurde vor rund einem halben Jahrtausend errichtet, und die **Alte Abtei/Haus Simonis**, Kirchstraße 1, datiert auf das Jahr 1321, gilt als der älteste originale Fachwerkbau der Mosel, wenn nicht gar Deutschlands.

Matthiaskapelle, Oberburg und Niederburg

Ein steiler Fußweg führt vom Marktplatz hinauf zu den beiden Koberner Burgen und der Kapelle. Die romanische **Matthiaskapelle** (Palmsonntag–Allerheiligen So/Fei 11–17 Uhr) mit ihrem sechseckigen Zentralbau gehört zu den schönsten Baudenkmälern der Mosel-/ Rheinregion. Ursprünglich wurde in ihr das angebliche Haupt des Apostels Matthias aufbewahrt. Mehrmals im Jahr finden hier auch Konzerte statt.

Neben der im Dreiviertelkreis angefügten Apsis reckt sich der Turm der **Oberburg/Alten Burg**. Sie war seit dem Jahr 1000 Stammsitz der Herren von Kobern. Eine Nebenlinie des Grafengeschlechts ließ etwas später die **Niederburg** errichten, die noch als Ruine erhalten ist.

Weinmuseum Gondorf

Im Wasserschloss von der Leyen,
www.heimatverein-gondorf.de,
April–Okt. Sa 11–14, So 14–16 Uhr,
für Gruppen ab 8 Pers. ganzjährig n. V.

Die Ausstellung im Erdgeschoss des historischen Gebäudes dokumentiert den Weg der Weintraube vom Rebstock bis in die Flasche. Auch Verkauf von Wein und regionalen Produkten.

Ein romanisches Kleinod der Moselregion ist die Matthiaskapelle bei Kobern-Gondorf

Übernachten

Romantisch – **Landhotel Höreth im Wald:** Mühlental 17, Tel. 02607 64 74, www.alte-muehle-hoereth.de, DZ 210–240 €. 10 Luxus-›Kammern‹, z. T. mit Lage zum Bach, in einem historischen Mühlengebäude, ca. 5 Minuten zu Fuß vom Restaurant Alte Mühle Höreth. Tolles Frühstück.

Landhauscharme – **Villa Provence:** Solliger Höfe 18, Tel. 02607 507, www.villa-provence-kobern.de, ab 50 €. Drei mediterran inspirierte, charmante Zimmer (Himmelbetten) in einem denkmalgeschützten Gebäude.

Essen und Trinken

Bio-Gemüse – **Winzerhof von Schleinitz:** Lennigstr. 1, Tel. 02607 96 02 36, www.winzerhof.cc, Mi–Mo 14–23, So ab 12 Uhr. Feine Pasta, Kalbsleber und Zander; Hauptgerichte ab 10,50 €. Bewusst kleine Karte; das Gemüse und der Salat kommen vom Bio-Hof Manderscheiderhof. Beim ›Sommertheater‹ Menü mit Begleitung von internationalen Sängern und Musikern.

Im Schloss Liebieg – **Chiaro:** Römerstr. 52, Tel. 02607 702 00 90, Mi–Sa 18–22, So auch 12–14 Uhr, www.restaurant-chiaro.de. Dem Namen entsprechendes hell-mediterranes Ambiente für ebensolche Speisen: Carpaccio von der Honigmelone mit Hummer oder Wildschweinrücken in Rotwein-Oliven-Sugo. Hauptgerichte ab 24 €, günstigere Vinothek-Karte. Terrasse!

Sport und Aktivitäten

Weinerlebnissse – **Lubentiushof:** Kehrstr. 16, Niederfell/Mosel, Tel. 02607 81 35, www.lubentiushof.de. Weinproben und Weinmenüs in dem kühnen neuen Weinwerkstattgebäude von Winzer Andreas Barth, das mit dem Architekturpreis Wein 2010 ausgezeichnet wurde.

Infos und Termine

Tourist- und Kultur-Information: Abteihof St. Marien, Kirchstr. 1, Tel. 02607 10 55, www.kobern-gondorf.de, Mo und Di 9.30–13.30, Do und Fr 14–18 Uhr, April–Okt. auch Sa 10–13 Uhr.

Historisches Wein- und Burgenfest: Anfang Juli.

Treis-Karden ▶ H 2

Schon von weitem fällt der ›weiße Riese‹ St. Castor vor dem Rebgrün von Karden ins Auge. Wer sich dem Sakralbau nähert – er ist der älteste der Mosel zwischen Koblenz und Trier – findet vor seinen mächtigen Mauern ein baumbestandenes, meist ruhiges Plätzchen mit Bänken und einer Gasthausterrasse. Den schönsten Blick auf die Kirche –die beiden wuchtigen Ecktürme des Chors sind dem Fluss zugewandt, ein dritter Quader mit barockem Haubendach steht am Fuß der Weinberge – hat man vom Ufer des Schwesterorts Treis, dessen mittelalterliche Burgen die Talausgänge von Flaum- und Dhünnbach bewachten. Treis selbst wurde im Zweiten Weltkrieg stark zerstört; dennoch blieben einige schöne Fachwerkhäuser und Kirchenbauten erhalten. In Treis-Karden leben etwa 2300 Menschen.

Ganz in der Nähe thront auf einem Felsen eine der schönsten Burgen Deutschlands, die mittelalterliche **Burg Eltz**, direkt 2| S. 41.

St. Castor

Führungen auf Anfrage über das Pfarramt, Tel. 02672 13 08

Farbenfroh wie ein römischer Tempel sollte der weiße Kirchengigant ursprünglich werden. In drei Phasen entstand der eindrucksvolle ›Moseldom‹ über dem Grab des früh- ▷ S. 44

2 | Standhafte Mittelalterschönheit – die Burg Eltz

Karte: ▶ H 2 | **Anfahrt:** Pkw-Parkplatz im Eltzer Wald an der Antoniuskapelle, zu erreichen über Münstermaifeld (▶ H 1–2), vom Parkplatz noch 800 m Fußweg

Vielleicht kennen Sie ihre eindrucksvolle Gestalt noch von der 40-Pfennig-Briefmarke der Deutschen Post oder dem 500-Mark-Schein: Auf einem fast 70 m hohen Felskopf zwischen Moselufer und Eifelhängen ragt eine der schönsten Burgen Deutschlands empor.

Sie gilt als die Burg des deutschen Mittelalters schlechthin. Umflossen vom Elzbach, den schon der römische Dichter Ausonius besang (»... die glückliche Elz, das grüne, tiefe Waldtal mit den springenden Forellen und Lachsen im Wildwasser«), thront **Burg Eltz** 1 auf einem Felsen, umgeben von dichtem Wald. Türmchen, Erker und Söller wachsen aus den drei um einen reizvollen Innenhof gruppierten Geschlechterhäusern der Eltz-Rübenach, Eltz-Bürresheim und Eltz-Kempenich in den Himmel. Als »hoch, großartig, fremd« beschrieb der weit gereiste, zwischen 1862 und 1871 mehrfach im luxemburgischen Vianden weilende französische Dichter Victor Hugo die Bilderbuchfeste und fügte hinzu, er habe noch nirgendwo anders Ähnliches gesehen.

Befestigt nur zum Wohnen

Die Anfänge der Burg Eltz gehen zurück ins 9./10. Jh. Der Bau am Weg zwischen Moseleifel und dem fruchtbaren Maifeld war nie als militärisches Bollwerk, sondern rein zu Wohnzwecken konzipiert. Ursprünglich schützten nur Erdwälle den Herrenhof, erst nach und nach wurde er mit Mauern befestigt und als Burg gesichert. Erstmals schriftlich erwähnt wird die Burg Eltz im Jahr 1157, als Rudolf von Eltz eine Schenkungsurkunde von Kaiser Friedrich I. Barbarossa als einer seiner Zeugen unterzeichnet und besiegelt. Der spätromanische Bergfried Platt-Eltz und Reste des romanischen Wohnhauses sind noch erhalten.

Gebaut über Jahrhunderte

Die gesamte Baugeschichte der Burg Eltz erstreckte sich über einen Zeitraum von 500 Jahren. Vor allem im 15. und 16. Jh. wurde kräftig erweitert. In diese Zeit fällt auch die steile Karriere des Jakob zu Eltz: vom Domherrn von Trier zum Dekan und Rektor der dortigen Universität und schließlich, 1567, zum Kurfürsten aufgrund der Wahl des Domkapitels in Koblenz. Sein Nachfahre Hans Jakob trieb den Ausbau des Stammsitzes weiter voran. Bis zu hundert Familienmitglieder und ebenso viele Bedienstete lebten schließlich in den acht eng um den Innenhof erbauten Wohntürmen.

Unversehrt durch die Kriege

Sowohl im Pfälzischen Erbfolgekrieg als auch während der französischen Revolution gelang es den Edlen von Eltz durch Diplomatie, ihre Burg vor der Zerstörung zu bewahren. Im Zuge des wiedererwachenden Interesses am Mittelalter während der Romantik ließ Graf Karl zu Eltz seine Stammburg umfangreich restaurieren. Die Arbeiten erstreckten sich über einen Zeitraum von mehr als vier Jahrzehnten (1845–1888) und schlugen mit der enormen Summe von 184 000 Mark (entspräche heute etwa 7,5 Mio. €) zu Buche.

Ein Brand, der am 20. September 1920 im Südteil des Kempenicher Hauses ausbrach und auf weitere Gebäudeteile übergriff, zog erneut umfassende Renovierungen und Wiederherstellungen nach sich. Zerstört wurden insbesondere der Kapellenbau und das darübergelegene Archiv, die Ausstattung des Kempenicher Hauses und der zehn oberen Räume des Rodendorfer Hauses.

Heute bestaunen etwa eine halbe Million Besucher jährlich die Burg Eltz, die sich noch immer im Besitz der Edlen Herren und Grafen von und zu Eltz befindet. Öffentlich zugänglich sind z. B. im Rübenacher Haus ein Salon sowie ein Schlafgemach mit Kapellenerker von 1531. Im Rodendorfer Haus kann

Luxuskochplatz des Mittelalters – die Küche der Burg Eltz

ein mit barockem und Rokoko-Mobiliar eingerichtetes Kaminzimmer besichtigt werden, der sogenannte Rittersaal, der ursprünglich als Verhandlungs- und Festsaal aller drei Familienstämme diente, ein Kinderzimmer sowie eine von ursprünglich drei Küchen.

Übrigens: Wenn Sie nicht mit dem Auto kommen, können Sie per Bahn oder Schiff bis Moselkern fahren und von dort auf einem Wanderweg am Elzbach in ca. 45 Min. zur Burg laufen.

Cranach-Madonna und Diana-Plastik

Zu den herausragenden Kunstschätzen der Innenräume gehören das Ölgemälde »Madonna mit Kind und Weintraube« von Lucas Cranach d. Ä., mehrere Tafelbilder aus der Kölner sowie der Sächsischen Malerschule und flämische Tapisserien aus dem 16. und 17. Jh. Zu den Einrichtungsgegenständen im Geschmack des 19. Jh. zählen ein Majolika-Kachelofen sowie reiche Porzellansammlungen (China, Delft, Augarten).

Die Kunstsammlung mit mehr als 500 Exponaten aus dem 12. bis zum 19. Jh. ist in der Schatzkammer in den Kellergewölben des Rübenacher Hauses ausgestellt, darunter Arbeiten der Augsburger Gold- und Silberschmiedekunst wie eine 1,10 m hohe Statue des Brückenheiligen Johannes Nepomuk von Franz Christoph Mäderl (1752) und eine Diana auf dem Hirsch (um 1600).

Infos

Burg Eltz 1: Tel. 02672 95 05 00, www.burg-eltz.de, Führungen (Dauer ca. 45 Min.) April–1. Nov. tgl. 9.30–17.30 Uhr, 8 €.

Essen und Trinken

Kaffee, Kuchen, kleine Gerichte und Eltzer Wein werden in den beiden **Selbstbedienungsrestaurants** der Burg angeboten. Von der Terrasse haben Sie einen herrlichen Blick ins Elztal. Deftige Winzer-Imbisse und Moselwein aus ›eigenem Wachstum‹ serviert das **Weingut Brachtendorf** in seiner Straußwirtschaft in Moselkern, Moselstr. 21, Tel. 02672 74 93, 15. Juni–15. Okt. Hauptgerichte ab 8 €.

Lohnt einen Abstecher

Der Weinort **Moselkern** 2, ca. 45 Fußminuten entfernt, liegt buchstäblich im Schatten der Burg Eltz. Allein schon wegen seiner an zahlreichen Fassaden prangenden, humorvollen Sinnsprüche zum Thema Wein verdient er den Besuch. Hauptattraktion ist jedoch die Valeriuskirche mit ihrem fünfgeschossigen romanischen Turm, der aus dem 1789 angefügten Kirchenschiff ragt. Vor ihr steht die Replik eines hier entdeckten Merowinger Kreuzes. Das Alte Rathaus stammt aus der ersten Hälfte des 16. Jh. Das Halfenhaus (Moselstr. 4) diente den Halfen, die mit ihren Pferden die Schiffe moselaufwärts zogen, als Unterkunft und Wechselstelle für die Rosse.

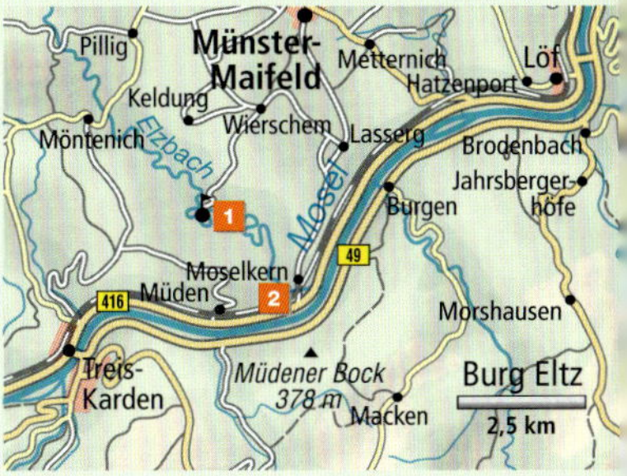

christlichen Missionars Castor. Er zählt zu den schönsten und größten romanischen Bauten an der Mosel. Die Innenausstattung ist zudem eine der reichsten und wertvollsten der ganzen Mosel. Besondere Aufmerksamkeit verdienen der Dreikönigsaltar (14. Jh.), der Broy-Altar (16. Jh.) sowie die älteste noch erhaltene Großorgel der Orgelbauer-Familie Stumm (1728). Das historische Instrument entfaltet seine Klangpracht regelmäßig bei Konzerten.

Rund um die Stiftskirche

Hier gruppieren sich die teilweise noch original erhaltenen **Stiftsherrenhäuser** sowie die **Stiftsschule**. In ihr wurde bis zur Gründung der Universität Trier der Priesternachwuchs der gesamten Diözese ausgebildet. Die meisten dieser Gebäude befinden sich heute in Privatbesitz. Das gilt auch für die sorgsam restaurierte **Propstei** (im Volksmund ›Korbesch‹ genannt), eines der schönsten romanischen Bauwerke des gesamten Rheinlandes.

Stiftsmuseum

Sankt-Castor-Str. 2 (im renovierten Zehnthaus hinter der Stiftskirche), Ostern und Mai–Okt. Do und Fr 14–17, Sa und So 10–12 und 14–17 Uhr, 3 €

Im ehemaligen Refektorium (1238) der Stiftsherren stellt das Museum die reichen Schätze der 2000-jährigen Ortsgeschichte mit Funden aus keltischer, römischer und fränkischer Zeit aus.

Übernachten

Variantenreich – **Schloss-Hotel Petry:** Sankt-Castor-Str. 80, Tel. 02672 93 40, www.schlosshotel-petry.de, DZ 86–128 €. Vier zusammenhängende Häuser mit insgesamt 74 unterschiedlich designten Zimmern, dazu ein gehobenes Restaurant (z. B. Pot au feu von Edelfischen in Rieslingschaum) und eine Weinstube, in der ebenfalls Kulinarisches serviert wird.

Schlummern im Heu – **Klickerterhof:** Klickerterhof 5, Tel. 02672 71 56, www.klickerterhof.de. Familie Ternes bietet

Ein weißer Gigant – der ›Moseldom‹ St. Castor in Karden

auf ihrem Anwesen die rustikale Übernachtung im Heu, begleitet von zeitgenössischem Komfort. Auch Tiere gibt es auf dem Hof – eine Eselfamilie, Katzen, Schafe und Kühe.

Zuhause auf Zeit – **Ferienhaus Barz:** Sankt-Castor-Str. 60, Tel. 02672 29 96, www.ferienhaus-barz.de, 79–124 €. Ein modern ausgestattetes 4-Personen-Haus sowie ein 2-Personen-Apartment hinter Fachwerkmauern.

Campingidylle – **Mosel Islands:** im Ortsteil Treis, Tel. 02672 26 13, www.mosel-islands.de, Gründonnerstag bzw. spätestens 1. April–letzter Sonntag im Okt., Stellplatz 6 €, Wohnmobile 8 €, Zelt 3 €, Erw. 6 €, Kinder 3 €. Idyllische Freizeitinsel ganz in der Nähe des Freibades.

Essen und Trinken

Schiffsrestaurant – **Captain Mc Arthur:** Jachthafen Treis, Tel. 02672 74 56, www.captain-mc-arthur.de. Das schwimmende, modern gestylte Lokal serviert Regionales wie Moselforelle (9,50 €) und Mediterranes.

Weinstube – **Weingut Otto Knaup:** Am Rathaus 6, Tel. 02672 24 46, www.weingut-otto-knaup.de, Ostern–Dez. Di–So ab 17.30 Uhr. Kalte und warme Spezialitäten aus der Region ab 6 €; im Sommer in schönem Bruchstein-Lauben-Ambiente.

Infos und Verkehr

Tourist-Information: Hauptstr. 27, Tel. 02672 61 37, www.treis-karden.de, Mai–Okt. Mo–Fr 9–12 und 14–17, Sa 9–12 Uhr, Nov.–April Mo–Do 9–12 und 14–16, Fr 9–13 Uhr.

Bus: Ab Treis-Karden verkehrt ein spezieller Burgenbus nach Eltz und Pyrmont (Mai–Okt, an Wochenenden und Feiertagen jeweils zweimal morgens und nachmittags, detaillierter Fahrplan bei der Tourist-Information).

Cochem ► G 2, Cityplan S. 50

Die Stadt (5000 Einw.) ist das wichtigste Fremdenverkehrszentrum der Untermosel. Bis zu dreimal so viele Gäste wie Einwohner drängen sich in den Ferienmonaten durch die malerischen Altstadtgassen zu Füßen der Burg. Wer Cochem – das erstmals 866 als Villa Cuchema urkundlich erwähnt wird – in Ruhe erleben möchte, muss frühmorgens aus den Federn oder im Winter kommen. Doch der Fremdenverkehr ist für die Stadt kein neues Phänomen: Bereits zu Beginn des 19. Jh. wundert sich ein Reiseschriftsteller darüber, dass »Cochem ebenso viele Wein- und Bierschenken als Breslau« besitzt. Nach dem Sturm der Franzosen, die von ihrer Festung Mont Royal aus auch Cochem in Schutt und Asche legten, entwickelte sich die Stadt immer mehr zu einem Zentrum des Handwerks und des Handels. Der 4,2 km lange Kaiser-Wilhelm-Tunnel zwischen Cochem und Eller (s. S. 47) läutete 1877 das Industriezeitalter ein. Bis in die 1980er-Jahre war er der längste Tunnel Deutschlands. Zu Beginn des 20. Jh. kam dann auch der Tourismus richtig in Fahrt.

Reichsburg 1

Zur Reichsburg (direkt 3 | S. 46) führt u. a. ein Weg vom Hügel **Tummelchen**, der in Privatinitiative renaturiert wurde. Sein altes ›Zuckertürmchen‹ auf den Resten der historischen Stadtmauer diente einst als Wachturm.

Altstadt

Mit seinen alten Giebelhäusern und dem barocken **Rathaus** 2 von 1739 erinnert das Areal um den Marktplatz an die Zeiten, als Kaiser Maximilian sich in der Stadt wohlfühlte. Überragt wird das Ensemble von der **Martinskirche** 3 mit ihrer barocken Turmhaube. ▷ S. 49

3 | Neuschwanstein an der Mosel – die Reichsburg

Karte: ▶ G 2 | **Cityplan:** S. 50

Aus Ruinen auferstanden durch die Fantasie und die Mittel eines Berliner Eisenwarenfabrikanten, lässt die auf einem markanten Felskegel über der Stadt aufragende Reichsburg nicht nur Kinderaugen leuchten, sondern lädt auch zu einem Rittermahl.

Fast hundert Meter oberhalb des Flussbettes thront als besonders schönes und wiederhergestelltes Beispiel für die vielen Burgen des Moseltals die **Reichsburg** 1. Schon ihr Umriss ist unvergleichlich; fast scheint es, als setze sich die Kontur des Berges in dem Bauwerk fort. Seinen ›Gipfel‹ bildet das Schieferdach des wuchtigen Turms.

Werdegang einer Burg

Das Gros der Architektur, die heute das Auge des Burgbesuchers bezaubert, folgt dem Stil der Neugotik, der den romantischen Vorstellungen des 19. Jh. entsprach. Und tatsächlich wurde die einstige Höhenburg erst 1868 wiedererrichtet, nachdem die Truppen des französischen ›Sonnenkönigs‹ Ludwig XIV. sie im Zuge des Pfälzischen Erbfolgekriegs am 19. Mai 1689 in Brand gesteckt und gesprengt hatten.

Ursprünglich erbaut wurde die Anlage wohl um das Jahr 1000, urkundlich erwähnt erstmals 1051. Romanische Architekturfragmente, die im Burgbrunnen gefunden wurden, weisen auf einen Ausbau nach 1056 hin. Die Staufer erheben die Feste 1151 zur Reichsburg. Ende des 12. Jh. verpfändet König Adolf von Nassau-Cochem sie an das Trierer Erzbistum.

Zollstelle für die Moselschiffer

Unter der Herrschaft von Kurfürst und Erzbischof Balduin von Luxemburg (1307–1354) wird die Cochemer Burg zu einer starken Festung ausgebaut. Zudem lässt der Burgherr eine Kette verankern, die mit einem Zugseil aus der Burg bedient werden kann, um die Mosel zu sperren. Auf diese Weise sichert er sich die Zolleinahmen aus der Moselschifffahrt.

Als parallel zur Wasserstraße der Mosel Ende des 19. Jh. im Zusammenhang mit dem Bau der strategischen ›Kanonenbahn‹ von Berlin nach Metz die Eisenbahnstrecke Koblenz–Trier mit dem Kaiser-Wilhelm-Tunnel in Planung geht, zeigt sich auch Jacob Louis Fréderic Ravené überaus interessiert. Der Berliner Kaufmann und Nachfahre einer hugenottischen Glockengießerfamilie aus Metz, die an der Spree inzwischen einen florierenden Eisenwarengroßhandel betreibt und zum Hauptversorger der Anhaltischen und Potsdamer Eisenbahn insbesondere mit Schwellen avancierte, begibt sich daher um 1865 auf eine Reise ins Moselland.

Kunstsinniger Käufer

Wie sein Vater ist Monsieur Ravené aber nicht nur Geschäftsmann, sondern auch künstlerischen Dingen recht zugeneigt – die Familie betrieb schon seit 1850 in Berlin eine eigene Galerie mit hochkarätigen Gemälden, von denen einige heute im Bode-Museum ausgestellt sind; und Jacob Louis gründete mit dem Maler Ernst Ewald und dem Architekten und königlichen Baurat Hermann Ende eine Fayencewerkstatt und war Vorstandsmitglied des Kunstgewerbemuseums. So nimmt es nicht wunder, dass die Ruinen der Cochemer Reichsburg seine Fantasie beflügeln.

Zwei berühmte Baumeister

Bereits Anfang 1867 stellt Ravené daher bei der preußischen Domänenverwaltung den Antrag auf Kauf der Burg, um sie wieder aufzubauen. Etwa ein Jahr später genehmigt Wilhelm I. den

Übrigens: Die kleine weiße Kapelle am westlichen Burgberg, **St. Rochus** (genannt Peterskapelle), wurde zum Dank für die überstandenen Pestjahre 1423–25 errichtet.

Verkauf, macht allerdings u. a. zur Auflage, dass die noch stehenden Teile erhalten bleiben und der Aufbau nach historischen Vorgaben erfolgen soll. Zudem fordert der Monarch, die Burg teilweise der Öffentlichkeit zugänglich zu machen. Zum symbolischen Preis von 300 Mark erwirbt Ravené das Gemäuer, und schon im Juni 1868 beginnt man, die Schuttmassen abzutragen. Sämtliche Grundmauern, Fundamente sowie Keller zur Moselseite und der Brunnen werden freigelegt und gesichert. Das Hochschloss entsteht, die oberen Räume werden für den Bauherren eingerichtet.

Ab 1871 beginnt unter dem vormaligen Kölner Stadtbaumeister Julius Carl Raschdorff (von ihm stammt u. a. der Entwurf für den Berliner Dom) der zweite Bauabschnitt. Ravenés Freund Ewald (seine Werke zieren das Berliner Rathaus und die Querhalle der Nationalgalerie) entwirft den aufwendigen Gemäldeschmuck an Decken und Wänden und führt ihn zum Teil selbst aus. Aber auch heimische Hand- und Kunsthandwerker wirken mit an der Ausgestaltung der Räume. So gibt es heute u. a. einen Speisesaal im Neorenaissancestil, ein gotisches und ein romanisches Zimmer zu bestaunen. 1877 kann Jacob Louis Fréderic Ravené zum Festbankett anlässlich der Einweihung der Burg (und gleichzeitig jener des Kaiser-Wilhelm-Tunnels) hochrangige Gäste begrüßen. Ein dreiviertel Jahrhundert bleibt die Reichsburg im Besitz seiner Familie und dient ihr als Sommerquartier. Seit 1978 nennt die Stadt Cochem sie ihr Eigen.

Infos

Reichsburg: Tel. 02671 255, www.burg-cochem.de, Mitte März–Anfang Nov. tgl. 9–17 Uhr, sonst kürzer oder eingeschränkte Öffnungszeiten (genaue Winteröffnungszeiten auf der Website).

Führungen: Burgführung 5 €, ca. 40 Min.; ›Ravené-Führung‹ durch die Privatgemächer Ravenés ab 10 Pers. und nach Anmeldung 7 €, ca. 1 Std.; spezielle Kinder- und Geisterführungen (mit Räuberessen ca. 2 Std.) für Gruppen 3–11,50 €, Anmeldung erforderlich; auf Anfrage auch individuelle Führungen für 70 €.

Der Weg zur Burg

Zu Fuß: von der Stadtmitte zur Burg ca. 15 Min.

Bus: zwischen Ende April und Nov. gibt es eine Shuttle-Verbindung (Linie 781) ab Endertplatz, 2 €.

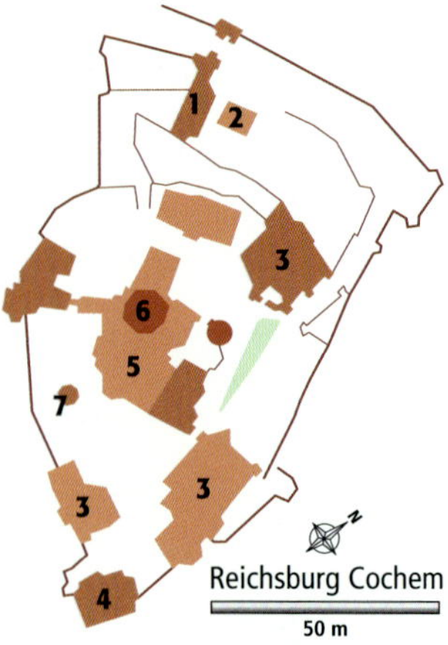

1 Wehrgang
2 Burgschänke
3 ehem. Burgmannshäuser
4 Kapelle
5 Hochburg
6 Bergfried
7 Brunnen

Greifvogel-Erlebnis

Die **Falknerei** der Burg zeigt von Karfreitag bis Ende Oktober 4 x tgl. Flugvorführungen und stellt verschiedene gezüchtete Greifvögel vor (11, 13, 14.30 und 16 Uhr, 3,50 €). Außerdem können Sie dort als ›Falkner für einen Tag‹ in die Welt der gefiederten Gesellen hineinschnuppern – oder sogar mit den Falknern auf die Jagd gehen; Kostenpunkt 75 €. Weitere Infos unter Tel. 0160 99 12 73 80 und www.falknerei-reichsburg-cochem.de.

Einladung zum Rittermahl

Zu einer **›Gasterey‹** nach Art der alten Rittersleut lädt die Reichsburg ganzjährig jeweils am Wochenende ein (Fr 18 Uhr, Sa 19 Uhr). Der urige Schmaus mit Musik, Unterhaltungsprogramm und Burgführung dauert vier Stunden und kann auch von Einzelpersonen gebucht werden (45 €).

Wenn die Burg sich feiert

Burgfest: 1. Augustwochenende. Rustikales mittelalterliches Szenario mit Ständen und Aktionsbühnen, die jede Menge ›Kurzweyl und deftig Speyss und Tranck‹ versprechen.

Stärkung beim Burgbesuch

Von Mitte März bis Anfang Nov. bietet die **Burgschänke** (tgl. 10–18 Uhr) in der Burg Deftiges, Süßes und Erfrischendes – und im Sommer von der Terrasse einen tollen Blick auf Cochem sowie das Moseltal.

Ein Bett im Zeichen der Burg

Von dem rustikal ausgestatteten Gästehaus **Villa Tummelchen** 4, Schlossstr. 22, Tel. 02671 91 05 20, www.villa-tummelchen.com, DZ 72–104 €, sind es nur wenige Spazierminuten zur Burg.

Vom Marktplatz führen alte Steintreppen hinauf zu dem um 1630 erbauten **Kapuzinerkloster** 4 auf einem Bergvorsprung. Es wurde bis 1802 als solches betrieben; heute ist hier das Kulturzentrum der Stadt untergebracht.

Zwei Relikte der mittelalterlichen Stadtbefestigung sind das **Enderttor** 5 (1332) mit noch erhaltener Turmwächterwohnung und das **Balduinstor** 6, das zum Wehrturm an der Kirchhofsmauer (Obergasse) gehört.

Pinnerkreuz 7

erreichbar per Sessellift, Talstation: Endertstr. 44, Mitte März–Mitte Nov. tgl. ab 10 Uhr (Juli/Aug. 9.30 Uhr, Nov. 11 Uhr, 4,30 €, hin und zurück 5,80 €

Vom Aussichtspunkt in 238 m Höhe hat man einen herrlichen Blick über Cochem, das Moseltal und zur Reichsburg.

Historische Senfmühle 8

Stadionstr. 1, Cochem-Cond, Tel. 02671 60 76 65, www.senfmuehle.net, Führungen tgl. 11, 14, 15 und 16 Uhr sowie n. V., 3 €

Senfmüller Wolfgang Steffens erzeugt hier mit Mühlengerät aus dem frühen 19. Jh. Senf wie zu alten Zeiten.

Übernachten

Klare Linien – **La Baia** 1: Moselpromenade 1, Tel. 02671 80 40, www.hotel-labaia.de, DZ 80–120 €. Modern und klar renoviertes 12-Zimmer-Haus mit italienischem Restaurant/Pizzeria.

Himmelbett – **Burghotel** 2: Moselpromenade 23, Tel. 02671 71 17, www.burghotel-cochem-mosel.de, DZ 60–130 €. Klassisches, komfortables Haus am Altstadtufer. Zimmer von schlicht bis üppig (Himmelbett, Goldspiegel); Balkonzimmer deutlich teurer.

Helles Heim – **Haus von Hoegen** 3: Im Brühl 16, Tel. 02671 98 02 63, www.hausvonhoegen.de, DZ 50–55 €. Zeitgenössischer Komfort in 2 DZ (m. Balkon) und 4 Apartments (mindest. 4 Tage); Parkplätze und Fahrradgarage.

Rustikal – **Villa Tummelchen** 4: s. S. 48.

Essen und Trinken

Wein und Käse – **Alte Gutsschänke** 1: Schlossstr. 6, Tel. 02671 89 50, Di–So. Viele Cochemer kehren hier auf ein Gläschen Wein ein und schnabulieren dazu Riesling-Käse.

Gutbürgerlich – **Zom Stüffje** 2: Oberbachstr. 14, Tel. 02671 72 60, Mi–Mo. Alt-Cochemer Lokal mit historischem Charme und gutbürgerlichen Gerichten. Schwankende Qualität. Hauptgerichte ab ca. 10 €.

Döppekoche – **Alte Thorschenke** 3: Brückenstr. 3, Tel. 02671 70 59, www.alte-thorschenke.de, tgl. 18–21.30/22 Uhr. Moseltypisches sowie Eifeler Bauernente, Wild und Ziegenkäse. Hauptgerichte um 14 €. Es gibt auch 35 Nostalgie-Zimmer.

Eleganter Süden – **Divino** 4: Sehler Anlagen 1 (im Parkhotel), Tel. 02671 71 10, www.parkhotelcochem.de, Di–So ab 18 Uhr. Schöner Raum mit offenem Kamin. Klassische Elemente mit mediterranem Touch, gern ungewöhnlich kombiniert – z. B. Brust und Keule von der Taube mit gegrillter Süßkartoffel und getrüffelter Spargel-Julienne (14,50 €).

Sport und Aktivitäten

Kanuverleih – **Mosel-Kanutours** 1: Moselstr. 45, Ernst, Tel. 02671 55 51, www.mosel-kanutours.de, 2 Std. im 2er-Kajak 14 €, Tagespreis 29 €.

Wasserfreuden – **Freizeitzentrum Cochem** 2: Moritzburger Str. 1, Tel. 02671 979 90, www.moselbad.de, Freibad Mai–Aug. tgl. 10–19/20 Uhr, Hallenwellenbad und Kinderland ganzjährig tgl. 9/10–20/22, Sa und So/Fei bis 19 Uhr (während der ▷ S. 51

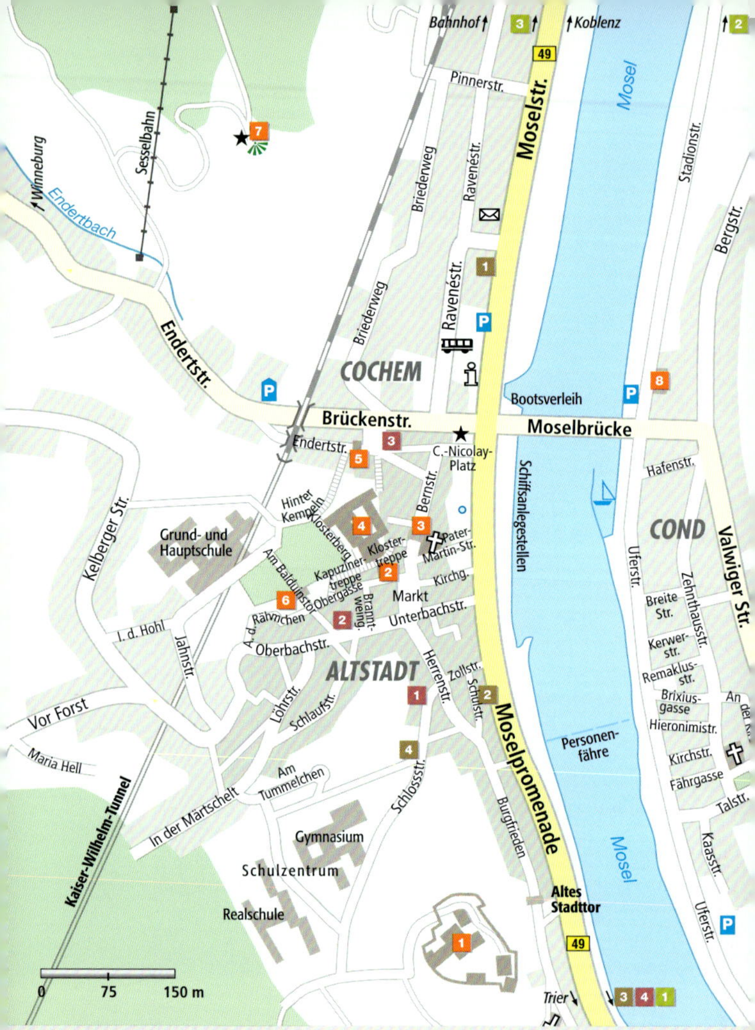

Cochem

Sehenswert
1 Reichsburg
2 Rathaus
3 Martinskirche
4 Kapuzinerkloster
5 Enderttor
6 Balduinstor
7 Pinnerkreuz
8 Historische Senfmühle

Übernachten
1 La Baia
2 Burghotel
3 Haus von Hoegen
4 Villa Tummelchen

Essen und Trinken
1 Alte Gutsschänke
2 Zom Stüffje
3 Alte Thorschenke
4 Divino

Sport und Aktivitäten
1 Mosel-Kanutours
2 Freizeitzentrum Cochem
3 Freizeitpark Klotten

Schulzeiten Mo geschlossen), Sauna Mo–Fr 14–22, Sa und So/Fei 10–19 Uhr. Es gibt auch eine Tennisanlage.

Fun & Tiere – **Freizeitpark Klotten** 3: Anfahrt ausgeschildert, auch zu Fuß vom Gipfel des Pinnerkreuzes erreichbar, Tel. 02671 76 60, www.freizeitpark-klotten.de, Ende März–Anfang Nov. tgl. 9.30–18 Uhr, im Sommer z. T. länger, 12,50 €, Kinder 11 €. Riesenrutschen, Kometenschaukel und andere Fun-Geräte sowie diverse Freigehege mit exotischen und einheimischen Wildtierarten inmitten einer urwüchsigen Waldlandschaft.

Nordic Walking – **Nature.Fitness-Park® Mosel:** Innerhalb dieses Parks wurden in der Region Cochem 16 Nordic-Walking-Strecken (4–10 km) ausgeschildert. Stöcke und Pulsmesser können gegen eine Gebühr von 3 € pro Tag bei der Tourist-Information Ferienland Cochem (s. u.) ausgeliehen werden. Weitere Infos über die diversen Routen unter www.cochem.de/tourismus (Menüpunkt ›Sport/Wellness‹, Untereintrag ›Nordic Walking‹).

Klettertour – **Calmont Klettersteig:** Wer Lust hat, den steilsten Weinberg Europas zu erklimmen, kann vom nahen Ort Bremm (▶ G 3) eine herrliche, von fantastischen Ausblicken begleitete Wander- und Klettertour hoch über der vielleicht schönsten Moselschleife unternehmen, direkt 4| S. 52.

Infos

Tourist-Information: Ferienland Cochem, Endertplatz 1, Tel. 026 71 600 40, www.ferienland-cochem.de, www.cochem.de, Mo–Fr 9–13 und 14–17, Sa 9–15 (ab Mitte Juli bis 17 Uhr), So 11–16 Uhr (nur Juli–Okt.), Nov.–Ende April nur Mo–Fr.

Ausflug in die Vulkaneifel

Faszinierend ist die Erkundung der vulkangeprägten Landschaft bei Daun, rund 40 km von Cochem entfernt, direkt 5| S. 55.

Der Marktplatz von Cochem ist einer der großen Touristenmagnete an der Mosel

4 | Himmelsleitern und Reben – der Calmont Klettersteig

Karte: ▶ G 3 | **Anfahrt:** von Cochem nach Bremm auf der B 49

Über gut 3 km zieht sich der schmale Pfad zwischen Eller und Bremm durch den steilsten Weinberg Europas – und an so manchem Punkt sind außer den Füßen auch die Hände gefragt, denn es gilt, sich an Stahlseilen oder auf Leitern himmelwärts zu hangeln. Aber zur Belohnung für die Mühe gibt es fantastische Ausblicke.

Mit Stolz dürfen die Bremmer behaupten, Europas steilsten Weinberg ihr Eigen zu nennen. Gut 60 % Bodenneigung weist der Calmont (von lat. *calidus mont* – heißer Berg) oder Kallberg, wie die Einheimischen des 950-Seelen-Ortes sagen, auf. Seit dem Sommer 2010 darf sich der vor 400 Millionen Jahren entstandene, etwas weniger als 400 m hohe Hang aus Grauwacke und Schiefer zu den vierzig ›weinkulturellen Höhepunkten‹ in Deutschland zählen.

Für die Winzer indes bedeutet der Calmont Arbeit unter nahezu alpinen Bedingungen. Die gesamte Rebpflege erfolgt per Hand – Maschineneinsatz ist auf den fast senkrecht abfallenden Terrassen unmöglich. Würden die Calmont-Weine nach Qualität, Arbeits- und Kostenaufwand bezahlt, gehörten sie zu den teuersten der Welt.

Fachwerk und Barockaltar

Vom Ortskern **Bremm** mit seinen auf vier Längs- und zwei Quergassen verteilten historischen Fachwerkhäusern – das berühmteste ist das **Storchenhaus** 1 –, brunnenbestandenen Plätzen und der dominanten Silhouette der spätgotischen **Laurentiuskirche** 2, die einen meisterlichen Barockaltar birgt, führt ein **Klettersteig** 3 zur Spitze des 380 m hohen Calmont.

Der abwechslungsreiche, von den Gemeinden Bremm und Eller gemeinsam angelegte Pfad, ist bereits an dem

Gotteshaus ausgeschildert. Doch erwarten Sie keinen gemütlichen Kurparkspaziergang!

Es sind beim Vorwärtskommen beachtliche Höhenunterschiede zu überwinden, und dabei fließt garantiert so mancher Tropfen Schweiß – auch wenn die Felsenköpfe und Schiefersteinhalden längst von ihren Barrieren aus Dornengewächsen befreit sind und immer wieder Tische und Bänke zur Rast einladen. Besonders schwierige Wegpassagen sind selbstverständlich abgesichert. Aber auch das Erklettern der Leitern, Zinken und Stufen erfordert Kondition und Konzentration.

Wunderbare Pflanzenwelt

Für die Mühen werden Sie allerdings reich entschädigt durch herrliche Ausblicke und Sie begegnen vielleicht auch seltenen Exemplaren einer interessanten Tier- und Pflanzenwelt. Denn am Calmont flattert sowohl der Apollofalter als auch das Taubenschwänzchen; es wachsen u. a. Berberitze und Buschwindröschen, die schmackhafte Knoblauchsrauke sowie Farn- und Storchschnabel-Varianten, Mauerpfeffer und Felsenkirsche.

Griechische Spuren

Am **Gipfelkreuz des Calmont** 4 angelangt, bietet sich eine herrliche Aussicht auf die enge Schleife, die die Mosel bei Bremm beschreibt, und auf die wie ein gestrandetes Schiff in ihr liegende Ruine der **Klosterkirche Stuben** 5. Gegründet wurde das Augustinerinnenstift Stuben bereits im 12. Jh. Ritter Heinrich von Ulmen brachte dem Kloster 1208 eine wertvolle Reliquie in Form eines griechischen Doppelkreuzes mit Partikeln des heiligen Kreuzes von Jesu, die sogenannte Staurothek. Bis 1789 blieb das Meisterwerk byzantinischer Goldschmiedekunst bei den Augustinerinnen, dann fand es seinen sicheren Platz im Domschatz von Limburg. Das Doppelkreuz zierte ab dem 13. Jh. alle Besitztümer des Klosters. An einigen Häusern in Bremm ist es bis heute zu sehen. 1685 wurde die baufällige Klosterkirche abgerissen und ein spätgotischer Neubau errichtet.

Weiter auf der Höhe

Wer nach **Eller** möchte, um dort einzukehren und sich zu stärken, hat zwei Möglichkeiten: Vom Gipfelkreuz gelangt man wahlweise über den Klettersteig oder den oberhalb verlaufenden **Calmont-Höhenweg** 6 nach Eller. Der Höhenweg ist Teil des mit einem ›M‹ gekennzeichneten Moselhöhenwegs – ohne Leitern, Treppen und Kletterhaken nahezu parallel zum Klettersteig und wartet ebenfalls mit atemberaubenden Ausblicken auf. An der **Eller Schutzhütte** 7 läuft man Richtung ›Eller Todangst‹ und von Eller aus über einen der beiden Wege zurück nach Bremm.

Übrigens: Um bei den Kletterpartien festen Halt zu haben, benötigen Sie stabiles Schuhwerk. Zudem sollten Sie ausreichend mit Getränken ausgerüstet sein, denn mitten zwischen den Schieferfelsen wird es in der Sonne sehr schnell recht heiß, Einkehrmöglichkeiten entlang der Strecke gibt es nicht. Aus diesem Grund empfiehlt es sich auch, die Tour möglichst früh am Tag zu beginnen. Bei oder kurz nach einem Regen ist der Weg nicht zu empfehlen, die nassen Steine sind überaus rutschig. Auch mit kleinen Kindern sollten Sie die Klettersteig-Tour nicht unternehmen. Denn neben Kondition und Wendigkeit ist dafür auch ein hohes Maß an Selbstkontrolle (Trittsicherheit!) nötig.

Infos

Tourist-Information: Moselstr. 27, Bremm, Tel. 02675 370, www.bremm-mosel.de. Hier gibt es auch den »Tier- und Pflanzenführer durch den Calmont« (16 wasserfeste Farbseiten im handlichen DIN A5-Format, 3 €) zum Mitnehmen auf den Klettersteig.
Länge und Dauer: Die Rundwanderung über den Calmont Klettersteig und Calmont-Höhenweg ist rund 8 km lang, reine Gehzeit ca. 3½ Std.

Gut gebettet

Auf dem **Laurentiushof** 1, Gartenstr. 13, Bremm, Tel. 02675 508, www.weingut-laurentiushof.de, stellt Thomas Franzen-Martiny nicht nur Ökowein her, sondern bietet auch ein Gästehaus mit 5 Schlafzimmern an. Gesunder Lehmputz sorgt hier für Wohlbefinden.

Essen und Trinken

Gutsausschank Weingut Haupts 1, Nikolausstr. 7, Ediger-Eller, Tel. 02675 15 92, Ostern–Mitte Nov. tgl. ab 18 Uhr. In einem der ältesten Fachwerkhäuser des Doppelorts gibt es Steaks und Würstchen vom offenen Rebholzfeuer mit hausgemachtem Kartoffelsalat (8 €) und andere herzhafte Kleinigkeiten.

Lohnend in der Umgebung

Die Christopherusstraße im rund 3 km von Bremm entfernten **St. Aldegund** bietet herrliche Beispiele moselländischer **Fachwerkkunst** – vom einfachen, konstruktiven Fachwerk des 15./16. Jh. über spätgotische Formen und Renaissance-Stil bis hin zum Spätbarock. Auf dem Friedhof der romanischen Alten Kirche ist der Koblenzer Kunstsammler und Mäzen Peter Ludwig beigesetzt (seine Kollektionen sind heute auf 19 Museen in fünf Ländern verteilt, darunter das Ludwig Museum in Koblenz sowie das Museum Ludwig in Köln). Dem Aldegundener Gotteshaus schenkte er ein Epitaph aus dem Jahr 1602. Berühmt ist auch das älteste frühchristliche Grab an der Mosel, das bei St. Aldegund gefunden wurde und kunstvoll gestaltete Glasgefäße aus dem 4. Jh. barg.

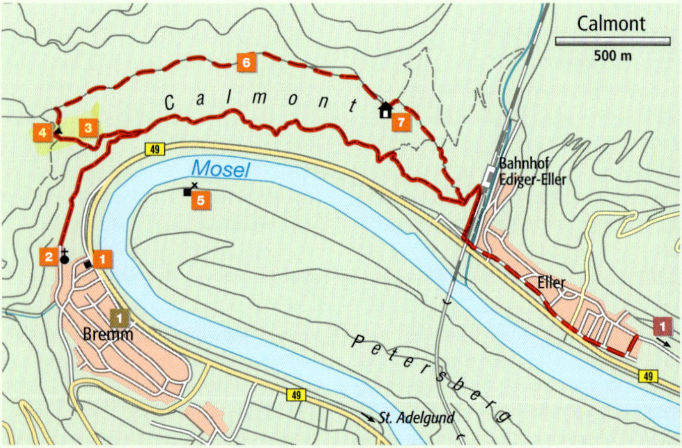

5 | Die Augen der Eifel – das Geheimnis der Maare

Karte: ▶ E/F 2/3 | **Pkw-Rundfahrt:** ab Cochem und zurück ca. 95 km | **Dauer:** reine Fahrzeit ca. 2,5 Std.

Kaum zu glauben, aber wahr: Rund dreihundert Vulkane spuckten einst Feuer in der Region, von der die Landesregierung Rheinland-Pfalz Mitte 2010 gut ein Drittel zum Naturpark Vulkaneifel erklärte. Museen und andere Einrichtungen offenbaren die (geo)wissenschaftlichen Phänomene dieser faszinierenden Landschaft. Rad- und Wandertouren führen zu ihren Schätzen.

Spannend und eruptiv ist die geologische Geschichte der bis 700 m über dem Meeresspiegel gelegenen Vulkaneifel. Rund 300 Ausbruchszentren, charakterisiert etwa durch Lavaspaltenwände, Tuff- und Basaltformationen, Schlackenkuppen und vulkanische Krater, haben Wissenschaftler in dem etwa 50 km langen und 30 km breiten Landstrich zwischen Rhein und Wittlicher Senke dokumentiert. Nur wenige dieser – inzwischen fest schlafenden – Feuerberge weisen wassergefüllte Krater auf. Diese schüsselförmigen Vertiefungen liegen fast ausnahmslos um das Kurstädtchen **Daun** in der jüngeren westlichen Vulkaneifel. Das **Meerfelder Maar** bei Manderscheid ist mit seinem Durchmesser von 1730 m das größte der Eifelmaare; die Wasserfläche beträgt fast 25 ha, die Trichtertiefe ca. 200 m.

Die Augen der Vulkane

Viele Jahrhunderte erzählten sich die Eifler über diese schimmernden ›Augen‹ ihrer Heimat schaurig-schöne Geschichten. Allmählich aber wandelten sich die aus der Berührung von Wasser und glühender Magma entstandenen Maare – ähnlich wie der auf einen vulkanischen Einbruchskessel zurückgehende **Laacher See** im Norden von Rheinland-Pfalz – zu beliebten Ausflugszielen. Oder sie dienten als romantisches Versteck für Verliebte. Allerdings ist die vulkanische Tätigkeit der Region noch nicht gänzlich verebbt. Das beweist u. a. das immer wieder vorkommende Austreten vulkanischer Gase, etwa am Laacher See. Oder der alle 40 Minuten ausbrechende **Kaltwassergeysir** von Wallenborn.

Übrigens: Daun lockt nicht nur mit faszinierenden Einblicken in vulkanische Vorgänge – jeden Mittwoch ist auf dem Parkplatz in der Wirichstraße **Bauernmarkt** (9–13 Uhr), und im Zweijahresrhythmus findet in ungeraden Jahren in der 3. Septemberwoche das **Krimifestival** ›Tatort Eifel‹ mit interessanten Lesungen statt; weitere Infos dazu unter Tel. 06592 93 32 45, 93 32 19 oder im Internet unter www.tatort-eifel.de.

Vulkanfeuer per Fingerdruck

Von den Rebhängen der Mosel schlängelt sich die Straße gen Norden, hinauf in eine sanfthügelige Landschaft, mit Weizen-, Klee- und Rapsfeldern. Dazwischen sorgen Mischwaldhaine für satte grüne Tupfer. Nur knapp eine Handvoll Dörfer liegen an der Strecke. Das **Ulmener Maar** 1 grüßt mit silbrigem Glitzern schon aus der Ferne; es ist eingebettet in eine Senke am Schnittpunkt der Trier-Koblenzer Autobahn (A1) mit der Bundesstraße B 259. Ein schmaler Fußweg führt durch den dichten Baumkranz rund um den Vulkansee.

Über Hörscheid geht es weiter bis zum Städtchen **Daun** 2. Hier ist das Geozentrum Vulkaneifel mit dem Eifel-Vulkan-Museum zuhause. Dank Touchscreens und naturnaher Objekte lässt sich vulkanische Tätigkeit in den Ausstellungsräumen hautnah erleben: Ein Schlackenkegel zischt, spuckt und raucht, durch Luftzufuhr gerät ein Born ins Wallen, mittels Fingerdruck lässt sich Ascheablagerung und Veränderung einer Miniaturlandschaft nach einem Vulkanausbruch erfahren. Angereichert werden diese Attraktionen durch faszinierende Bilder und Exponate von zum Teil noch aktiven Vulkanen aus allen Teilen der Welt.

Von Krater zu Krater

Am Ortseingang von Daun weist ein Schild nach links zum **Weinfelder Maar** 3 und **Schalkenmehrener Maar** 4. Schautafeln am Straßenrand erläutern Lage und geologische Struktur der beiden einander gegenüberliegenden, durch einen breiten Grat getrennten Vulkanformationen. Über Brokscheid geht es weiter zum winzigen **Holzmaar** 5 und zum **Pulvermaar** 6. Am Ufer des Letzteren locken bei schönem Wetter das Naturbad und eine Seeterrasse; auch Boote können gemietet werden. Nur knapp 5 km südöstlich dieser touristisch bestens erschlossenen Idylle liegt das lauschige **Immenrather Maar** 7. Als Variante bietet sich die Weiterfahrt vom Holzmaar längs eines Teilstücks der Deutschen Wildstraße über Eckfeld bis zum **Meerfelder Maar** 8 an.

Alternative für Radfahrer

Wer die Maare-Tour statt mit dem Auto lieber mit dem Fahrrad unternehmen möchte, sollte den Maare-Mosel-Weg ausprobieren. Die 55 km lange Strecke folgt der alten Bahntrasse zwischen Daun und Lieser nahe Bernkastel-Kues. Sie führt nahezu ebenerdig vom Dauner Bahnhof über einen fast 30 m hohen Viadukt und durch einen Tunnel mit dem schönen Namen ›Großes Schlitzohr‹ und streift auf ihrer Route sowohl das Pulvermaar als auch das Holzmaar. Das Schalkenmehrener Maar ist mit einem kleinen Abstecher ebenfalls leicht zu erreichen. Wer die etwas mühsame Auffahrt von Cochem scheut, beginnt die Tour in Bernkastel-Kues. Von dort verkehrt stündlich ein Radlerbus nach Daun.

Infos

Tourist-Information Daun: Leopoldstr. 5, Daun, Tel. 06592 951 30, www.tourismus.daun.de.

Eifel-Vulkan-Museum: Leopoldstr. 9, Daun, www.vulkaneifel.de/eifel-vulkanmuseum, 1. März–15. Nov. Di– Fr 13–16.30, Sa und So/Fei 11–16.30 Uhr, 2.–6. Jan. und 26.–31. Dez. Di–Fr 13–16.30 Uhr, 3 €.

Interaktive Erdgeschichte bietet auch das **Vulkanhaus** in Strohn 9, Hauptstraße 38, www.vulkanhaus-strohn.de, April–Okt. Di–So 10–17 Uhr, sonst ab 13 Uhr, 3 €.

Mahl auf dem Vulkan

Auf einem Vulkankegel mit herrlicher Aussicht über Daun thront das elegante **Schlosshotel Kurfürstliches Amtshaus**, Burgfriedstraße 28, Daun, Tel. 06592 92 50, www.schlosshotel-daun.de, dessen Restaurant leichte und raffinierte Kreationen mit französischem Anklang serviert. Drei-Gänge-Menü ab 35 €.

Zwischen Vulkanen und Mosel

Einen Abstecher lohnt **Bad Bertrich** 10, dessen Zentrum bis heute das im Auftrag des Trierer Kurfürsten Clemens Wenzeslaus erbaute Badeschlösschen mit seinem farbenfrohen Park bildet. In dem ›milden Karlsbad‹, wie Alexander von Humboldt den traditionsreichen Kurort mit seinen vornehmen cremefarbenen, himmelblauen und rosa schimmernden spätklassizistischen Häusern nannte, sprudelt Deutschlands einzige naturwarme Glaubersalzquelle. In der Umgebung lassen sich u. a. eine steinzeitliche Höhle und die Elfengrotte entdecken, eine aus Basaltsäulen gebildete vulkanische Felsformation.

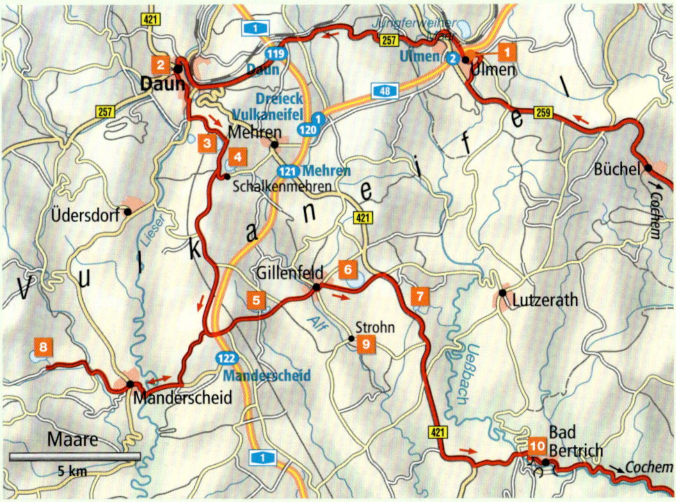

Beilstein ► G 3, Cityplan S. 60

Der winzige Ort (direkt 6 | ► S. 59), gelegen in einem engen Tal, lockt massenweise Besucher an. Dicht an dicht drängen sich hier die spitzgiebeligen, von einem barocken Kirchturm überragten Fachwerkhäuser malerisch in schmalen Gassen. Steile Rebhänge steigen über den Dächern an, unter denen bereits im 14. Jh. u. a. auch zehn jüdische Familien lebten. Bis ins 20. Jh. blieb die jüdische Kulturtradition in Beilstein ununterbrochen lebendig.

Ediger-Eller ► G 3

Rothenburg ob der Tauber wird gern als Vergleich herangezogen, wenn von **Ediger** die Rede ist. Kaum ein anderer Moselort besitzt ein derart geschlossenes Ensemble von Kloster- und Adelshöfen, Winzerhäusern und religiösen Monumenten (16.–18 Jh.). Auch die Stadtmauer mit Türmen aus dem 14. Jh. ist weitgehend erhalten. Die ersten bedeutenden Siedler waren Kelten, die dem Ort auch seinen Namen gaben: *ethegreia*, zu Deutsch: Sandufer.

Eller ist ebenfalls keltischen Ursprungs; die Reste der Fliehburg auf dem Hochkessel zeugen davon. In merowingischer Zeit war es ein Königshof. Die dem hl. Hilarius geweihte Kirche wurde Mutterkirche einer weitläufigen Pfarrei; die St. Rochus-Kapelle (1510) birgt ein schlichtes Wandfresko (»Ostentatio Christi«) nach einer Vorlage Martin Schongauers.

Übernachten

Traditionsreiches Haus – **Hotel zum Löwen:** Moselweinstr. 23, Tel. 02675 208, www.mosel-hotel-loewen.de, DZ 70–96 €. Seit weit über 100 Jahren gibt es dieses Hotel, in dem Sie gut nächtigen und speisen können. Auch ein Weingut gehört dazu.

Essen und Trinken

Feine Kleinigkeiten – **Wein-Café:** Oberbachstr. 30, Ediger, Tel. 02675 15 60, Di–So 12–19 Uhr. Kleine Gerichte ab 7,50 € und natürlich Wein.

Regional-Deftiges – **Gutsschänke Zenz:** Hochstr. 29, Ediger, Tel. 02675 384, www.gutshof-zenz.de, März–Mitte Nov. Mo–Fr ab 17, Sa und So ab 12 Uhr. Herzhaftes wie Weinsülze 9 € und Wildragout 14 € im gemütlichen Gewölbekeller. Familie Zenz betreibt auch eine eigene Edelobstbrennerei, in der Hochprozentiges, u. a. aus Weinbergpfirsichen, hergestellt wird.

Zell ► G 3

Mit seinen sechs Millionen Rebstöcken gehört das beliebte Moselstädtchen (4200 Einw.) in der Flussschleife Zeller Hamm zu den größten Weinbau betreibenden Gemeinden in Deutschland. Berühmt wurde es vor allem durch seine Großlage ›Zeller Schwarze Katz‹. Die mittelalterliche Bausubstanz des Stadtkerns wurde bei einem großen Brand 1848 fast vollständig vernichtet. Den schönsten Blick auf Zell hat man vom Ufer Zell-Kaimt. Dort steht mit dem Hofhaus der Boos von Waldeck (16. Jh.) noch eines der wenigen original erhaltenen Fachwerkhäuser.

Marktplatz

Gegenüber dem mächtigen historischen Rathaus errichtete man 1935 den **Schwarze-Katz-Brunnen** – im Gedenken an die Legende, dass eine schwarze Katze fauchend auf eines der drei Weinfässer sprang, zwischen denen sich Aachener Kaufleute nicht entscheiden konnten. Sie nah- ▷ S. 61

6 | Filmreifes Dornröschen – das mittelalterliche Beilstein

Karte: ▶ G 3 | **Cityplan:** S. 60

Spuren vom Mittelalter bis zur Barockzeit prägen die Architekturgeschichte der 150-Seelen-Gemeinde zu Füßen der Burg Metternich. Auch die jüdische Tradition Beilsteins reicht bis ins 14. Jh. zurück – einzigartig an der Mosel.

»Willkommen im mittelalterlichen Beilstein, genannt das Dornröschen der Mosel« steht in schwarzroten Lettern auf einer Tafel des kleinen, mit bunten Wimpeln geschmückten Fährboots zu lesen. Alle Viertelstunde stehen neue Gäste auf seinen Planken, Radfahrer vor allem, die von Ellenz-Poltersdorf am linken Flussufer hinüberwollen zu dem von der Burgruine Metternich dominierten Postkartenort.

Marktplatz aus dem Fels

Den **Marktplatz** 1 der Miniaturstadt, die schon mehrfach als Filmkulisse diente, trieben die Baumeister direkt aus dem Fels, denn die Kessellage des Ortes zwischen Fluss und Weinbergen ließ ihnen wenig Platz. Besonders schöne Architekturbeispiele sind das **Bürgerhaus** 2 das **Zehnthaus** 3 mit dem Metternichschen Wappen sowie die ehemlige **Fürstgräfliche Kellnerei** 4 mit ihrem Barockportal. Auch die alte **jüdische Schule** bzw. **Synagoge** 5 (heute eine Galerie) und Teile der mittelalterlichen Stadtmauer sind erhalten.

Steile, von den Karmelitermönchen angelegte Treppen führen aus dem malerischen Gassenensemble hinauf zum St.-Josephs-Kegel. Dort steht die im 17./18. Jh. auf gotischen Fundamenten erbaute **Hallenkirche der Karmeliter** 6 mit der ›Schwarzen Muttergottes‹.

Zur Ruine Metternich

Zur Rechten erreicht man die **Burgruine Metternich** 7 mit ihrem ungewöhnlichen fünfeckigen, 14 m hohen Bergfried, der erstiegen werden kann.

Übrigens: Seit 2010 lässt Beilstein beim **Märchensommer** Ende Juli die Puppen tanzen: Fünf Tage lang gastiert dann das Cochemer Marionettentheater im Weinbaumuseum am Marktplatz (Tel. 0170 83 93 018, www.bjoerns-marionetten.de, 3 €)

Eine Chronik erwähnt die aus dem typischen Grauschiefer der Region etwa 100 m über dem Fluss erbaute Anlage bereits im 12. Jh. 1689 wurde sie, wie (fast) alle übrigen Moselburgen auch, von den Franzosen geschleift. Ihr letzter Besitzer, Clemens Lothar Fürst von Metternich, bewahrte sie vor dem endgültigen Verfall. Erhalten sind außer dem Bergfried und Teilen des Berings noch Fragmente der drei Burgtore, in der Oberburg drei Palaswände mit Kamin, diverse Mauerreste, ein Kellerabgang und zur Bergseite hin eine Bastion. Oberhalb der Burgruine liegt der alte **jüdische Friedhof** 8.

Infos

Heimat- und Verkehrsverein: Bachstr. 47, Tel. 02673 90 01 91, www.beilstein-mosel.de.

Burgruine Metternich: April–Okt. sowie an den Ostertagen tgl.

Stadtführung: Sa, So und n. V. bietet Rainer Vitz seine sozialgeschichtliche Stadtführung (4,50 €) an. Infos unter www.beilstein-stadtfuehrung.de.

Übernachten

Pension Klapperburg 1: Bachstr. 33, Tel. 02673 14 17 oder 90 02 01, www.klapperburg.de. Die kleine Frühstückspension bietet DZ ab 60 € in einem alten Burghaus und hat auch ein Café.

Essen und Trinken

Unter der Weinlaubenterrasse der **Alten Stadtmauer** 1 (Bachstr., Ecke Moselstr., Tel. 02673 18 50, tgl. geöffnet, ab 9 €) wird deftige Winzersülze ebenso serviert wie feines Rinder-Carpaccio – Moselblick inklusive.

Direkt an der Burgruine kann man einkehren in das Familienrestaurant **Fürst-Metternich-Stube** 2 mit herrlicher Aussichtsterrasse (geöffnet wie Burgruine). Speisen gibt es hier ab 7,50 €.

Schon von Weitem sichtbar ist der massive Runde Turm – das Wahrzeichen von Zell

men schließlich das von dem Tier ›verteidigte‹ – und nachdem der Inhalt unter dem Namen ›Schwarze Katz‹ reißenden Absatz gefunden hatte, einigten sich Winzer und Stadtväter darauf, die Lage, aus der die Trauben stammten, künftig als ›Zeller Schwarze Katz‹ zu bezeichnen.

Reste der Stadtmauer

Von der 1222 errichteten Stadtmauer stehen noch der viereckige **Balduinsturm** im Bachtal an der alten Poststraße sowie in den Weinbergen der **Runde Turm** (Pulverturm), das Wahrzeichen von Zell.

Kurfürstliches Schloss

Das zweitürmige Schloss gilt als einer der schönsten Rokoko-Profanbauten an der Mosel. Es wurde ab dem 14. Jh. von verschiedenen Kurfürsten vor den Stadtmauern errichtet. Durch städtebauliche Erweiterungen liegt das Schloss heute ganz in der Nähe des Ortszentrums und beherbergt u. a. ein Hotel (s. S. 62).

Wein- und Heimatmuseum

Rathaus, Balduinstr. 44, 15. Mai–Okt. Mi und Sa 15–17 Uhr

Das Museum zeichnet die Entwicklung des Weinlagenamens ›Zeller Schwarze Katz‹ nach, zeigt typische Winzergeräte und stellt die Vor- und Frühgeschichte des Orts vor.

Haus Caspary

Balduinstraße

Das Gebäude (1515) wurde für den kurtrierischen Amtmann Johann von

Senheim errichtet und blieb als eines der wenigen von der Feuersbrunst im 19. Jh. verschont.

St.-Jakobus-Kirche

Marienburger Str., Ortsteil Kaimt
Die mittelalterliche Winzerdarstellung im Innern der Kirche ist die älteste an der Mosel.

Übernachten

Kurfürstlich – **Schloss Zell:** Schlossstr. 8a–10, Tel. 06542 988 60, www.schlosszell.de, DZ 95–115 €. Großzügige Zimmer (auch im Turm) mit historischem Flair. Restaurant.
Turmzimmer – **Weingut Alfred Cuy:** Zandtstr. 82, Zell-Merl, Tel. 06542 90 00 93, www.cuy.de. In einem der ältesten Weinhöfe der Mosel (15. Jh.) hat der Ökowinzer 3 hübsche Apartments (für 2 Pers. 48 €) nach historischen und baubiologischen Gesichtspunkten eingerichtet – teilweise mit Holzböden und offenem Gebälk.

Essen und Trinken

Deftig frisch – **Gutsweinstube Till E.:** Schlossstr. 10, Tel. 06542 52 27, www.gutsweinschaenke.de, geschlossen vom 3. Adventssonntag bis Karneval, ansonsten Mai–Ende Okt. Do–Di ab 16 Uhr, in der Vor- und Nachsaison ab 17 Uhr. Gewölbekeller, Gartenterrasse, frische Moselspezialiäten, Käsesuppe, Reibekuchen, Winzervesper ab 7 €.
Rehrücken mit Lavendel – **Zum Eichamt:** Rohrgasse 2, Tel. 06542 224 75, www.zum-eichamt-zell.de. Ambitionierte kleine Saisonkarte, z. B. Wiesenkräutersüppchen oder Schweinemedaillons in Bärlauchkruste (Hauptgerichte ab 17,50 €). Rustikales Ambiente.

Sport und Aktivitäten

Stadtrundgang – **›Riwigmännchen‹**. Ein sagenhafter Stadtgeist erzählt aus der Zeller Vergangenheit – von Eisbrücken, Chirurgen, Hochwasser und vielem mehr (mind. 6 Pers., ca. 1 ½ Std., 5 €, Termine und Anmeldung bei der Tourist-Information).

Infos und Termine

Tourist-Information: Rathaus, Balduinstr. 44, Tel. 06542 194 33, Buchungshotline 06542 96 22-0, www.zell-mosel.de, www.zellerland.de.
Keltisches Weingelage: Ende Aug. Im Ortsteil Kaimt.

Pünderich ▶ G 3

Ein Winzerort (ca. 900 Einw.) wie aus dem Bilderbuch, der als einer der wenigen direkt an der Mosel liegt und nicht durch eine Straße von ihr abgetrennt ist. Im historischen Ortskern wurden eine Vielzahl von stilvollen Fachwerkbauten restauriert, sodass man nun die Entwicklung dieses Baustils vom 16. bis zum 18. Jh. gut nachvollziehen kann.

Das mit aufwendigen Schnitzereien verzierte **Fährhaus** (Pünderich hat seinen Namen vom lateinischen *pontariacum*, d. h. Fähre, Brücke) und das etwas versetzt hinter ihm stehende gotische **Rat- und Gerichtshaus** mit seinem Treppenturm gelten als Musterbeispiele dekorativen Fachwerks an der Mosel.

Sehenswert sind auch die alten **Zehnt-** und **Kelterhäuser** sowie die **Pfarrkirche**, deren Innenausstattung in spätbarocken Formen noch ganz erhalten ist. Die Orgel von 1815 stammt aus der Werkstatt des berühmten Orgelbauers Stumm.

An der Hauptstraße gibt es noch die **Historische Eichstelle** für Weinfässer.

Das im späten 19. Jh. gebaute **Pündericher Hangviadukt** zählt mit seinen 97 Bögen zu den längsten seiner Art in Europa.

Entlang der Mittelmosel

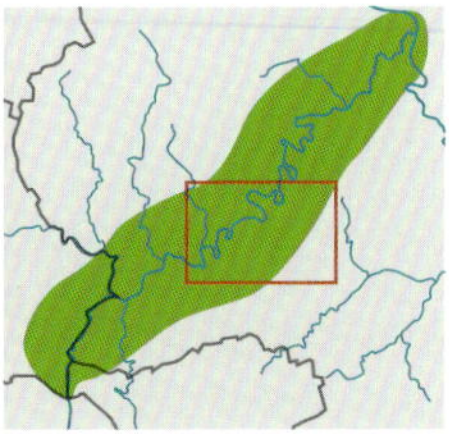

Enkirch ► G 4

In den Gassen des 1700-Seelen-Dorfes findet sich eine beeindruckende Vielzahl gut erhaltener und liebevoll restaurierter **Weinhöfe** und **Fachwerkbauten** aus dem 15. bis 18. Jh. Besonders interessant: das ›Kriegerische Haus‹ und der ›Drilles im Spilles‹ (ein käfigartiger ehemaliger Pranger). Auch Teile der historischen Ringmauer und der alten Ortsbefestigung sind erhalten. Aus römischer Zeit fand man Säulen und Tempelreste. Im Mittelalter gelangte Enkirch in den Besitz der Grafen von Sponheim, die die **Starkenburg** erbauten (prächtiger Ausblick von der Ruine).

Essen und Trinken

Lokales Schoppenparadies – **Ratsweinschenke:** Weingasse 20, Tel. 06541 10 52, Do–Di ab 17 Uhr. Mehr als 100 Weinsorten aus Enkircher Lagen; dazu Käsebrot, Sülze, geräucherte Forelle. Speisen ab 6,50 €.

Traben-Trarbach

► G 4, Cityplan S. 66

Jugendstil und Historismus prägen das geschäftige Doppelstädtchen (ca. 6000 Einw.) unter dem Festungsberg Mont Royal. Seine mittelalterliche Substanz fiel zu großen Teilen drei Feuersbrünsten zum Opfer; es sind jedoch noch einige schöne Gebäude aus dem 17. und 18. Jh. erhalten. Um 1900 war die protestantische Enklave an der ansonsten katholischen Mosel die zweitgrößte Weinhandelsstadt in Europa. Sie besaß sogar ein Elektrizitätswerk, das die Stadt ab 1889 mit der ersten ausschließlich elektrischen Straßenbeleuchtung in Deutschland versorgte. Traben auf der linken Moselseite ist die ältere Gemeinde; Trarbach gründete sich in einem Bachtal und entwickelte sich erst allmählich in Richtung Fluss. Es geht fast nahtlos in den Ortsteil Bad Wildenstein mit seiner Thermalquelle über.

Bauten der Jahrhundertwende

Am Trabener Brückenkopf fällt als erstes das mächtige **Kaiserliche Postamt** auf, das mit den benachbarten Gebäuden **Winzereck** und **Lorettahaus** ein prächtiges historistisches Ensemble 1 bildet (1906–1908). Reiche Verzierungen, Wandmalereien und Reliefs erzählen von der Geschichte und den Berufsständen der Stadt.

Im gleichen Stil ist das ehemalige **Rathaus** 2 gehalten. Am Trarbacher Brückenkopf ragt das Wahrzeichen der Doppelstadt auf, das **Brückentor** 3 von Bruno Möhring, der hier noch weitere repräsentative Bauten (15 – 17) errichtete (direkt 7 | ▷ S. 64).

Kommandantenhaus 4

An der Mosel 14

Ursprünglich stand der Barockbau auf der Festung Mont Royal. Nach 1698 wurde er unter Verwendung von Originalbauelementen an das ▷ S. 68

7 | Villen für den Wein – Jugendstil in Traben-Trarbach

Karte: ▶ G 4 | **Cityplan:** S. 66

Ende des 19. Jh. so wichtig für die Weinwelt wie Bordeaux, gönnten sich Traben-Trarbach und seine Wein- bzw. Rosinenhändler eine Fülle neuer, repräsentativer Architektur. Sogar den Star-Architekten Bruno Möhring konnte man sich leisten für herrschaftliche Belle-Époque-Villen.

Nicht nur das Geld, sondern auch der Platz für Neubauten war im Traben-Trarbach des 19. Jh. genügend vorhanden. Denn zwei Brände – 1857 in Trarbach, 1879 in Traben – hatten große Lücken gerissen und vieles zerstört, was die Feuersbrunst von 1761 noch verschont hatte.

Alles neu

Die Serie der Neubauten begann mit dem Trabener Rathaus. Bald folgten das Kaiserliche Postamt, Winzereck und Lorettahaus sowie der neue Bahnhof. In Trarbach wuchsen das Gymnasium sowie das Kur- und Logierhaus Wildenstein neu aus dem Boden. Sogar für die Grevenburg gab es Wiederaufbaupläne. Ein Herr Ravené aus Berlin trug dieses Ansinnen den Stadtvätern vor. Doch sie lehnten ab. Enttäuscht wandte sich der Preuße nach Cochem – und ließ dort die Reichsburg rekonstruieren (s. S. 46).

Vom Brückenkopf zum Villenglanz

In Traben-Trarbach indes entstanden zusätzlich zu den öffentlichen Gebäuden eine Reihe vornehmer Villen. Verantwortlich für sie zeichnete hauptsächlich Bruno Möhring. Der durch seine Industriebauten schon damals bekannte preußische Architekt (seit 2003 ist ihm am Moselufer von Traben ein Gedenkstein gewidmet) hatte bei der Ausschreibung um den Entwurf für eine Brücke zwischen Traben und Trarbach das Rennen gemacht und eine vierteilige Stahlbogenkonstruktion über die Mosel geschaffen. Im Zweiten Weltkrieg wurde sie zerstört. Erhalten blieb indes Möhrings historistisches **Brückentor** 3 auf Trarbacher Seite.

Das zweitürmige Bauwerk aus rotem Sandstein mit spitzen Schieferdächern birgt den restaurierten historischen Brückenschank sowie eine Galerie und ist eines der beliebtesten Fotomotive in der Stadt. Beide Seiten zeigen sich reich verziert mit Reliefs. Als Eckakroterien schmücken zwei Frauenköpfe das Tor, beide mit einem Kopfschmuck aus Trauben. Der moselaufwärts gerichtete Kopf gehört einer jungen heiteren Schönen, lächelnd trägt sie die üppige Rebenlast. Moselabwärts in Richtung Trier blickt eine verdrießliche Alte, mit nur wenigen Trauben auf dem Haupt. Sie weist zu den weniger guten Weinlagen – zumindest galt diese Überzeugung zum Zeitpunkt des Brückenbaus.

Sekt als Inspiration

Nachdem Möhring den Traben-Trarbachern ihren lange gehegten Brückenneubauplan zu höchster Zufriedenheit ausgeführt hatte, rollte eine regelrechte Auftragswelle an. Zahlreiche Weinhändler fragten bei dem Berliner Architekten an für ein repräsentatives Domizil. So entwarf Möhring u. a. die **Villa Breucker** 15 (später Nollen) in Traben und die **Kellerei Julius Kayser** 16 (heute Museum, www.buddha-museum.de) in Trarbach. Als Erster aber kam ein Herr namens Feist zum Zuge. Er hieß den preußischen Baumeister auf der Trabener Seite, direkt am Moselufer, sein gerade komplett abgebranntes Hotel neu zu errichten. Wie bei den später entworfenen Privathäusern, z. B. der **Villa Huesgen** 17, für die er schon 1904 einen Swimmingpool im Garten und ein Privattheater unterm Dach konzipierte, trachtete Möhring, bei dem Hotelprojekt ein Gesamtkunstwerk zu schaffen. Er gestaltete nicht nur das Äußere, sondern bezog auch die Innenausstattung in seine Entwürfe mit ein. Heute trägt das Haus den Namen **Jugendstilhotel Bellevue** 1 (s. S. 68) und erstrahlt in altem Glanze. Hotelier Matthias Ganter ließ mit viel Liebe zum Detail Beschädigtes restaurieren und versetzte allzu gedankenlos Modernisiertes mit Hilfe alter Postkarten behutsam zurück in den Ursprungszustand.

Wie das Brückentor nimmt auch das Hotel deutlich Bezug auf den Wein, dem die Stadt ihren Reichtum verdankt: Die Balkongitter formen perlende Sektgläser nach, und im Sockel des wie eine Sektflasche mit Korken gebauten Erkerturms findet sich neben den Initialen Möhrings das Bildnis des Weingottes Dionysos eingemeißelt. Gemeinsam mit einer Mänade prostet er einer Fratze zu. Darunter steht als Trinkspruch zu lesen: »O Abstinente armer Wurm – zum Spott gemeizelt in den Turm – Weil du verschmähtest Gottes Gaben – woran sich brave Menschen laben.«

Infos

Mit der Broschüre **»Jugendstil in Traben-Trarbach«** (2,50 €, Tourist-Information) können Sie die Jahrhundertwendebauten der Stadt auf eigene Faust entdecken. Das Gros ist allerdings nur von außen zu besichtigen. Regelmäßig bietet die Tourist-Information aber auch geführte Jugendstil-Spaziergänge an (55 € für max. 25 Pers.). Auch Relikte der einst mehr als 40 km messenden **Weinkeller** der Stadt können bei einer Führung besichtigt werden: einmal monatl. Fr 15 Uhr, 5 €, ein Glas Wein inkl. Weitere Infos bei der Tourist-Information.

Koblenz, Bullay, Burg, Enkirch
Yacht- und Schutzhafen
Zum Hafen
Buchenweg
Litzigerweg
Herrenwiese
An der Mosel
Bootshaus
Mosel
Schulzentrum
Hirtenpfad
Am Laubloch
Sponheimerstr.
Kövenigerstr.
Neue Str.
Wittlich
Laugasse
Loretta-str.
Am Bahnhof
Am Neuberg
Allwies
Kövenigerstr.
Oberstädterstr.
Gartenstr.
Bismarckstr.
Bahnhof
Untere Kaiserstr.
Im Plantert
Bergstr.
Langfuhr
TRABEN
Obere Kaiserstr.
ZOB
Alter Bahnhof
Schulstr.
Römerstr.
Ev. Peterskirche
Im Brauer
Luisenstr.
Am Bahnhof
Im Treh
Im Faller
Poststr.
Bahnstr.
Poststr.
Kirchstr.
Rottmann-str.
Kirch-str.
Alte Marktstr.
Neue Rathausstr.
Im Brauer
Aachenstr.
Ginsterberg
Markt-str.
Ludwigstr.
Mittelweg
An der Mosel
Schwanenstr.
Moselanlagen
Mosel
RISSBACH
Kräuterhausweg
Rissbacher Str.
Sportplatz
Wolfer Weg
53
Trier, Bernkastel-Kues

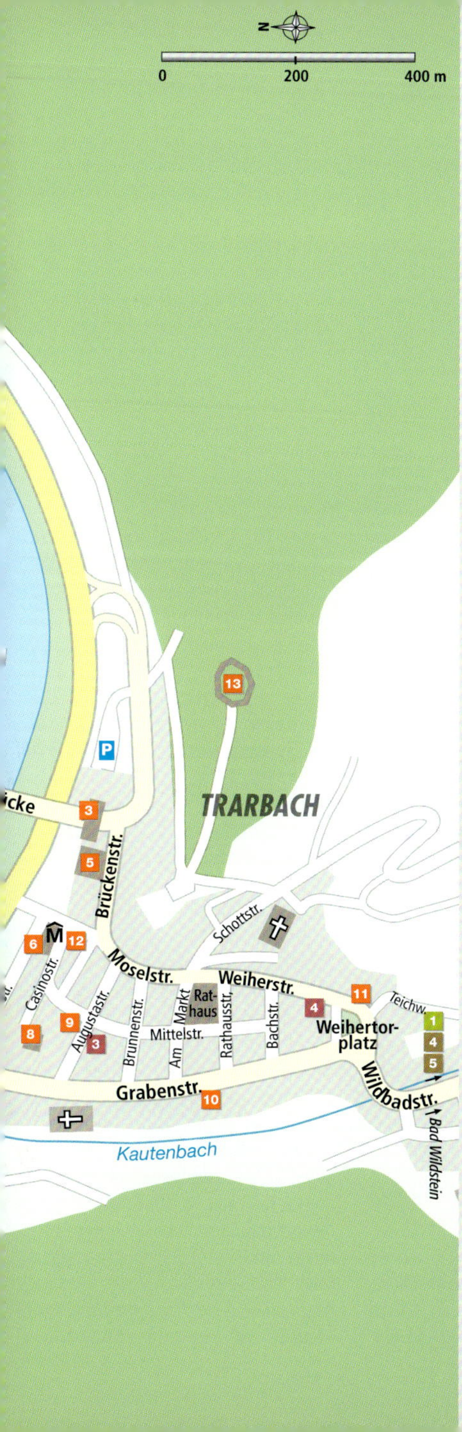

Traben-Trarbach

Sehenswert

1. Lorettahaus, Winzereck und Kaiserliches Postamt
2. Rathaus
3. Brückentor
4. Kommandantenhaus
5. Amtmannshaus
6. Mittelmosel-Museum
7. Casino
8. Alter Stadtturm
9. Flankenturm
10. Wehrturm
11. Mont-Royal-Mühle
12. Fahrradmuseum
13. Ruine Grevenburg
14. Festung Mont Royal
15. Villa Breucker
16. Kellerei Julius Kayser
17. Villa Huesgen

Übernachten

1. Jugenstilhotel Bellevue
2. Trabener Hof
3. Ferienhaus an der Lay
4. Kurhotel Parkschlösschen
5. Gräffs Mühle

Essen und Trinken

1. Die Graifen
2. Cavallerie
3. Harry's
4. Weingut Caspari

Einkaufen

1. Weingut Weiser-Künstler

Sport und Aktivitäten

1. Moseltherme
2. Sportflugplatz Mont Royal
3. Mosel Adventure Forest
4. Skaterstation Ingo Boor

Moselufer gesetzt. Hinter ihm reihen sich der Aachener Hof und das Jugendstilhotel Bellevue 1 (s. u.).

Amtmannshaus 5

Brückenstraße

Das ehemalige Amtmannshaus (17. Jh.) diente im 18. Jh als französische Kaserne, bis 1904 als Gymnasium.

Mittelmosel-Museum 6

Casinostr. 2 (Barockvilla Haus Böcking), April–Okt. Di–So 10–17 Uhr, 2,50 €

Ausgestellt sind Sammlungen zur regionalen Wohn- und Weinkultur sowie zur Geschichte u. a. des Mont Royal und der Grevenburg. Besonders sehenswert ist das Goethezimmer.

Casino 7

Grabenstraße

An Stelle des ehemaligen Oberamtmannshauses 1833 im Stil des Neobarock gebaut, war dieses Gebäude im 19. Jh. Mittelpunkt gesellschaftlichen Lebens. Es besitzt den schönsten – noch immer genutzten – Barocksaal der Stadt. Vom Oberamtmannshaus aus dem 16. Jh. ist an der Casinostraße noch ein Renaissanceerker zu sehen.

Alter Stadtturm 8

Aussichtsplattform tgl., Eintritt frei

Das restaurierte Relikt der mittelalterlichen Stadtbefestigung von Trarbach ist heute Aussichtsturm und Ausstellungsort für eine Sammlung historischer Kamin-, Taken- und Ofenplatten aus dem Bestand des Mittelmosel-Museums. Das Glockenspiel aus 24 Bronzeglocken ertönt tgl. um 12, 15, 17 und 18 Uhr.

Flankentum 9 und Wehrturm 10

Mittelstraße bzw. Grabenstraße

Die Türme sind Relikte der ehemaligen mittelalterlichen Stadtbefestigung, die ursprünglich sieben Türme umfasste. Auch um die evangelische Kirche und die ehemalige Lateinschule lassen sich noch Reste der alten Stadtmauer sowie der mittelalterliche Rittersaal mit seinem kostbaren gotischen Kapellenerker entdecken.

Mont-Royal-Mühle 11

Weihertorplatz

Erbaut 1688 zur Versorgung der Festung. Die Lage war infolge der Wasserführung des Kautenbaches nur dort möglich.

Fahrradmuseum 12

Moselstr. 2, April–Okt. Mo–Fr 14–18, Sa 10–18, So 10–13 Uhr, Eintritt frei

Im früheren Hotel Brauneberg, heute Weinkontor, sind nun im 1. Stock Fahrräder aus allen Epochen zu bestaunen.

Ruine Grevenburg 13

Hoch über Trarbach kündet die Ruine von der einstigen Macht der Grafen von Sponheim. Als Passfeste wurde sie mehrfach belagert. Heute steht von der einst eindrucksvollen Anlage nur noch die Fassade des Kommandantenhauses.

Festung Mont Royal 14

In der Saison Führungen, Infos bei der Tourist-Information

Über die Römerstraße hinter der Peterskirche gelangt man zu den Ausgrabungen der Festung Ludwigs XIV., die er von seinem Militärbaumeister Vauban zur Sicherung der linksrheinischen französischen Machtposition anlegen ließ. 1698 wurde sie geschleift und erst in den 1930er-Jahren wieder freigelegt.

Übernachten

Jahrhundertwendeglanz – **Jugendstilhotel Bellevue 1**: Am Moselufer 11, Tel. 06541 70 30, www.bellevue-hotel.de, DZ 135–170 €. Romantisch am Fluss gelegen, mit Spa und hauseigenem Oldtimer. Sie können in einigen original Jugendstil-Zimmern übernachten und im Feinschmeckerrestaurant Clauss-Feist den restaurierten Schaukamin und das 1902 bei der Weltausstellung in Turin präsentierte Fenster bewundern. Zahlreiche Themenarrangements. Mehr zur Geschichte des Hotels s. S. 65.

Frisch und farbenfroh – **Trabener Hof 2**: Bahnstr. 25, Tel. 06541 700 80, www.hotel-trabener-hof.de, DZ 88–133 €. Neue Leitung und neues, zeitgenössisch harmonisches Ambiente in allen 23 Zimmern.

Bauhausstil am Fluss – **Ferienhaus an der Lay 3**: An der Mosel 73, Tel. 06541 81 77 40, www.ferienhausanderlay.de, 86 € pro Tag, Mindestaufenthalt 5 Tage. Anspruchsvoll renoviertes Winzerhaus aus dem 17. Jh., 2 Schlafzimmer, Colani-Bad, großer Balkon, Kamin, Fahrräder.

Ayurveda-Luxus – **Kurhotel Parkschlösschen 4**: Wildbadstr. 201, Tel. 06541 70 50, www.parkschloesschen.de, DZ 270–370 €. Exklusive Adresse für ganzheitliches Gesundheits- und Stressmanagement. Yoga, Sauna und Gruppensport im Zimmerpreis inkl. Historische Architektur, herrlicher Garten.

Ruhige Lage – **Gräffs Mühle 5**: Wildbadstr. 217, Tel. 06541 63 31, www.graeffs-muehle.de. DZ 60–85 €. Familienpension mit liebevoll dekorierten Zimmern und Apartments (z. B. Himmelbett, Blumensessel)

Essen und Trinken

Möbelkost – **Die Graifen 1**: Wolfer Weg 11, Tel. 06541 81 10 75, www.graifen.de, Mi–Do 15–23, Fr–So ab 12.30 Uhr. Wein und einfache, südländisch inspirierte Speisen ab 7,50 € in stilvollem Interieur (das weitgehend auch käuflich ist).

Orientalische Akzente – **Cavallerie 2**: Bahnstr. 25 (im Trabener Hof), Tel. 06541 700 80. Der neue junge Küchenchef kombiniert türkische und mediterrane Aromen mit den Produkten

Von der Ruine Grevenburg geht der Blick tief hinunter ins Moseltal

der Region – von Beeren vom Mosel-Weinberg bis hin zum Imkerhonig aus dem Hunsrück. Haupgerichte ca. 19 €.
Flandern trifft Mosel – **Harry's** **3**: Augustastr. 7, Tel. 06541 81 57 76, www.harrys-restaurant.com, Do–So ab 18.30 Uhr. Ein belgischer Weinjournalist und Koch setzt seine Heimat und die Weine der Region in einen spannenden Bezug, z. B. mit Entrecôte vom Simmentaler Rind mit Beurre aux fines herbes und ›Belgischen Fritten‹, 17,80 €.
Straußwirtschaft – **Weingut Caspari** **4**: Weiherstr. 18, Tel. 06541 81 03 00, www.weingut-caspari.de, Ostern–Ende Okt. Mo–Fr ab 17, Sa ab 11 Uhr. Gutsausschank in einem denkmalgeschützten Winzerhaus, Deftiges ab 6,50 € aus der Winzerküche, lauschige Innenhofterrasse.

Einkaufen

Wein – **Weingut Weiser-Künstler** **1**: Wilhelmstr. 11, Tel. 06541 81 99 43, www.weiser-kuenstler.de. Junges Engagement für herbizidfreies Wachstum rest- und edelsüßer Rieslinge. Mitglied im ›Klitzekleinen Ring‹ für die Weiterbewirtschaftung ansonsten von der Aufgabe bedrohter Steillagen.

Sport und Aktivitäten

Wasserfreuden – **Moseltherme** **1**: Wildsteiner Weg 5, Tel. 06541 830 30, www.moseltherme.de, Mo–Fr 9–21, So 9–18 Uhr, Sauna und Baden ohne Zeitlimit 11 €. Thermal- und Sportbad mit Saunalandschaft und großer Liegewiese; ambulante Behandlungen und Badekuren.
Mosel von oben – **Sportflugplatz Mont Royal** **2**: Tel. 06541 10 05, www.moselflugplatz.de. Erfahrene Piloten fliegen mit Gästen, 30 Min. 60 €.
Kletterpark – **Mosel Adventure Forest** **3**: Mont Royal, Tel. 06541 81 77 72, www.adventureforest.de, während Schulferien sowie So/Fei tgl. 10–19, sonst Di und Do–Sa 14–19 Uhr, 19 €. Erlebniswelt aus Tauen, Balken und Hindernissen für individuelle Abenteuer.
Inline Skating – **Skaterstation Ingo Boor** **4**: Moselufer Wolf, Tel. 06541 39 80. Geführte Inliner-Touren, Verleih, Anfängerkurse (n. V.).
Wandern – **Traben-Trarbacher Riesling-Route:** Eine Wanderung rund um das Thema Moselriesling, erläutert auf 60 Infotafeln; Spezialbroschüre bei der Tourist-Information.

Infos und Termine

Tourist-Information: Am Bahnhof 5, Tel. 06541 839 80, www.traben-trarbach.de, Mo–Fr 10–17, Sa 11–15 Uhr, außerhalb der Saison Mo–Fr 10–16 Uhr.
Tage der offenen Weinkeller: Mitte Mai. Die Weingüter haben geöffnet und präsentieren ihren Riesling zu Spezialitäten der Winzerküche.
Moselwein-Festival: Mitte Juli. Lukullische und kulturelle Highlights mit Feuerwerk am Moselufer Trarbach.
Federweißer-Fest: Ende September. Am Stadtturm. Neuer Wein und historische Lese.

Kröv ► F 4

Der durch seine Großweinlage ›Nacktarsch‹ bekannte Ort (ca. 2200 Einw.) war einst Zentrum des sieben Dörfer umfassenden, direkt dem Kaiser unterstehenden Kröver Reichs. Am **Dreigiebelhaus** (Karolingerstr. 1), dem ehemaligen Rathaus mit mittelalterlicher Fliehburg (heute Straußwirtschaft), berichtet ein Sgraffito von dieser privilegierten Situation. Weltlicher und geistlicher Adel besaßen in Kröv große Güter. Von ihrem Reichtum und der bis in die

›Kröver Nacktarsch‹

Zahlreiche Legenden ranken sich um den Namen dieses Weins. Die Kröver wählten jene von den heimlichen Fasstrinkern zum Favoriten, denen der Winzer die Hosen herunterzog und ihnen kräftig das blanke Hinterteil versohlte. Tatsächlich stammt die Bezeichnung Nacktarsch wohl von dem keltischen Wort *nackars* (›felsige Höhe‹).

Römerzeit zurückreichenden Weinkultur zeugen reizvolle Fachwerkhäuser und alte Weinhöfe. Zu den schönsten Bauwerken zählen der **Hof der grauen Schwestern von Trier**, der schlossartige **Echternacher Hof** (1764), der **Staffelter Hof**, der **Steinfelder Hof** sowie der **Springiersbacher Hof** bzw. Pfarrhof.

Ürzig ► F 4

Unter dem Namen Moselbrück bildete das schmucke Weinörtchen (900 Einw.) die Kulisse für die gleichnamige TV-Winzerfamiliensaga. Architektonischer ›Hauptdarsteller‹ der Serie war der neobarocke **Mönchhof** (Weinlesefest im Oktober, elegante Gästezimmer, www.moenchhof.de), dessen Mauern an die steilen Rebhänge des ›Ürziger Würzgarten‹ grenzen, eine der Spitzenlagen der Mosel. Der Ortskern mit seinen engen Gassen und prächtigen Fachwerkhäusern – vor allem in der Brunnen- und Würzgartenstraße – geht zurück auf das Mittelalter. Zahlreiche Abteien und Adelige besaßen Rebland in der Gemarkung und ließen sich imposante Weinhöfe errichten. Vom Reichtum und Selbstbewusstsein der Ürziger zeugen u. a. auch das **Rathaus** (1588). Ürzig rühmt sich zudem, die älteste **Sonnenuhr** im Moseltal zu besitzen – angebracht ist sie an einer exponierten Stelle am Felsen.

Essen und Trinken

Gehobener Genuss – **Olivers Restaurant:** Moselufer 12-14 im Hotel Moselschild, Tel. 06532 939 30, www.moselschild.de, Fr–Mi 12–14 und 18–21 Uhr. Ob Regionales wie Zanderfilet auf ›Ürziger Gräwes‹ oder panierte Kalbsoberschale mit warmem mediterranem Kartoffel-Gemüse-Salat – Oliver Probsts Küche bietet mehr als das Alltägliche. Hauptgerichte um 20 €.

Bernkastel-Kues

► F 4, Cityplan S. 76

Mit dem beschaulichen Städtchen, das der englische Maler William Turner vor 150 Jahren auf seine Leinwand bannte, hat Bernkastel-Kues (ca. 6800 Einw.) heute nichts mehr gemein. Der Doppelort zu Füßen der ehemals kurfürstlichen Burg Landshut gilt als das Herz der Mittelmosel – und pulsiert zu Saisonzeiten kräftig. In dichten Trauben bevölkern die Besucher Straßen und Gassen. Meist gilt ihr Augenmerk vornehmlich der von kriegerischen Franzosenüberfällen und Feuersbrünsten verschonten mittelalterlichen Szenerie Bernkastels auf der rechten Uferseite, unterhalb des ›Doctor-Weinbergs‹, wo schlossartige Weinhöfe vom frühen Rebenreichtum der Stadt zeugen. Alles über die damit verbundene Weinkultur können Sie im modernen **Weinkulturellen Zentrum** 1 erfahren, direkt 8| S. 72. ▷ S. 75

8 | Vom Rebschnitt zur Fassreife – das Weinmuseum in Kues

Karte: ▶ F 4 | **Cityplan:** S. 76

Aus einem alten Remisengebäude des St.-Nikolaus-Hospitals entstand eines der modernsten Multimedia-Museen in Deutschland. Vom Terroir über den Rebschnitt bis zur Vinifikation werden mit vielen Filmen und Animationen alle Aspekte des regionalen Weinbaus dargestellt. Im Keller des Weinkulturellen Zentrums ist ausführliches Probieren angesagt.

Beinahe so mild wie in den sonnenverwöhnten Höhen des Mittelmeers erlebten schon die Römer das Klima im Moseltal. Es muss uns daher nicht wundern, dass sie neben ihrer Bau- und Badekultur auch jene der Reben hier einzuführen trachteten. Die ersten Weinstöcke der Region streckten also bereits vor rund 2000 Jahre ihre Wurzeln in den Boden. Wie in natürlichen Amphitheatern liegen die besten Rebparzellen an den steilen Hängen, immer optimal der Sonne ausgesetzt. Mehr als 60 % beträgt die Bodenneigung im Moselbogen bei Bremm – der dortige Calmont gilt als steilster Weinberg Europas (s. S. 52).

Steinige Aromen

Mit ihren Nebenflüssen Saar und Ruwer ist die Mosel das viertgrößte Weinbaugebiet Deutschlands. Rund 5000 Weinbaubetriebe in 125 Winzerorten bewirtschaften heute ca. 60 Mio. Rebstöcke auf rund 9000 ha Weinbergsfläche entlang der 243 km langen deutschen Mosel zwischen Perl an der französischen Grenze und Koblenz, an der Saar zwischen Serrig und Konz sowie an der Ruwer zwischen Riveris und dem Trierer Stadtteil Ruwer. Auf drei Viertel der gesamten Rebfläche wird Riesling angebaut. Damit stellt das Moselland das weltweit größte geschlossene Anbaugebiet dieser Traube dar. Ihre markante Fruchtsäure gibt dem Wein seinen charakteristischen Geschmack. Hinzu kommt der jeweilige Boden: An der Mittelmosel sorgt der Schiefer für ›steinige‹ Aromen, die Weine der Terrassenmosel lassen die Früchte ›auf der Zunge tanzen‹, an der Obermosel gedeiht vorwiegend der spritzige Elbling. Saar und Ruwer steuern prickelnde Eleganz und Würze bei. Weitere wichtige Rebsorten an allen drei Flüssen sind Müller-Thurgau (auch als Rivaner bekannt), Weißer Burgunder (Pinot blanc) und Blauer Spätburgunder (Pinot noir).

Lagen und Rebschnitt live

Im Moselweinmuseum des **Weinkulturellen Zentrums** 1 von Bernkastel-Kues, konzipiert in Zusammenarbeit mit dem renommierten Lehr- und Forschungsstandort für Weinbau in Geisenheim, finden Sie das Thema Weinbau an der Mosel auf modernste Art aufbereitet.

Insgesamt **20 Stationen** umfasst der Besichtigungs- und Erlebnisparcours. An einer starten Sie beispielsweise zu einem virtuellen Rundflug über das Moseltal. Wissenschaftler des rheinland-pfälzischen Landesamts für Geologie und Bergbau tüftelten als Grundlage dazu orthografische Karten aus. Auf einem 70-Zoll-Bildschirm können Sie die Region Mittelmosel und ihre Weinbergslagen so aus der Vogelperspektive bestaunen.

Station 8 ist in Wort und Bild berühmten Persönlichkeiten gewidmet, die in irgendeiner Form mit dem Thema Mosel und Wein zu tun hatten oder haben – von Tacitus über Karl Marx und Goethe bis hin zum Weinkritiker Stuart Pigott. An Station 11 geht es um die ›Erziehung‹ der Reben. Wie wirkt sich etwa das horizontale Wachstum der Weinstock-Arme auf Qualität und Quantität der Weintrauben aus? Und was unterscheidet das ›Trierer Rad‹ vom ›Flachbogen‹? Mit einem speziellen Computerprogramm können Sie den Rebschnitt ›eigenhändig‹ vornehmen und auch das daraus resultierende Wachstum des Weinstocks simulieren.

Wonach riecht Wein?

Alle Aspekte der Vinifikation erhellen die Stationen 12 und 13. Wie werden die Trauben verarbeitet, welche Weinarten und Weinqualitäten werden erzeugt? Was bedeutet terroirbetont oder rebsortentypisch? Wie definiert sich eine schonende Behandlung des Leseguts? Und wie entstehen eigentlich Sekt, Tresterbrand etc.?

An der Aromabar (Station 15) schulen Sie dann ihre Sinne. Wonach kann Wein riechen? Limone? Pfirsich? Holz? Leder? Mit Hilfe des Aroma-Rads und des Riesling-Rads wird Ihnen die Sensorik des Weins nahegebracht – vom feinen Duft bis zum Fehlton.

Genussvolle Kostproben

Und dann geht es endlich ans Probieren. Mehr als 100 regionale Winzer sind in der Vinothek des Weinkulturellen Zentrums vertreten – rund 130 verschiedene Tropfen geben in den historischen Gewölbekellern des St.-Nikolaus-Hospitals eine repräsentative Übersicht über die Sorten und Lagen der Wein-

Übrigens: Das Angebot in der Vinothek ändert sich fast täglich, die angeschlossenen Winzer bestücken ihre Lagerboxen saisonal neu. Wenn Sie bei der Probierreise in der Vinothek ihrem Lieblingswein begegnet sind, können Sie selbstverständlich auch gleich ein Fläschchen oder zwei als Souvenir mitnehmen – der Weinshop des Zentrums ist bestens gerüstet.

Im größten gotischen Bauwerk an der Mosel, St. Nikolaus, gibt es eine prächtige Bibliothek

bauregion Mosel, Saar, Ruwer. Die Palette reicht dabei vom Qualitätswein über Hochgewächse, Kabinett und Spätlesen bis hin zu (Trocken)Beerenauslesen und Eiswein. Texttafeln informieren ausführlich über die verschiedenen Sorten; wer Fragen hat, wendet sich an die geschulten Mitarbeiter.

Infos

Weinkulturelles Zentrum mit Moselweinmuseum und Vinothek: Cusanusstr. 2, Tel. 06531 41 41, www.moselweinmuseum.de, April–Ende Okt. tgl. 10–18, Nov.–Mitte April (nur eingeschränkte Weinprobe) tgl. 14–17 Uhr und n. V.; ohne Degustation freier Eintritt, inkl. aller ca. 16 Weinproben 15 €, einschränkte Probe mit Kommentar 8,50 €.

St.-Nikolaus-Hospital

Das Weinkulturelle Zentrum ist untergebracht im Komplex des St. Nikolaus-Hospitals, welches der berühmte Wissenschaftler Cusanus seiner Heimatstadt Kues im 15. Jh. als Altenheim für bedürftige Männer stiftete. An der Funktion hat sich bis heute nichts geändert. Das Innere der größten erhaltenen gotischen Anlage der Mosel birgt als Glanzstück die Bibliothek des berühmten Humanisten. Sie zählt zu den kostbarsten privaten Handschriften- und Inkunabelnsammlungen der Welt. Weitere Attraktionen sind die Kapelle mit dem herrlichen dreiflügeligen Altar, der Säulenraum, der Kreuzgang und der Konventssaal. Kapelle Mo–Fr 9–18, Sa 9–15 Uhr, Führungen (5 €) Di 10.30 und Fr 15 Uhr oder n. V. direkt vor Ort bzw. unter Tel. 06531 22 60, www.cusanus.de.

Der berühmteste Sohn der Stadt, Nicolaus Cusanus (Nikolaus von Kues), stammt aus dem gegenüberliegenden Kues. Erst 1905 wurden die beiden Gemeinden durch eine Brücke verbunden.

Rund um den Marktplatz

Ein Ensemble sorgsam restaurierter, reich verzierter Fachwerkhäuser aus verschiedenen Epochen reiht sich hier um eine der schönsten Fontänen der Mosel, den **Michaelisbrunnen** 2. Besonders attraktiv gestaltet sind Fassade und Giebel des alten **Rathauses** 3. Fast komisch wirkt neben dem vornehmen Renaissancebau das ein paar Schritte aufwärts stehende **Spitzhäuschen** 4, dessen Obergeschosse über einen schmalen Sockel kragen.

Pfarrkirche St. Michael 5

Mehr als 600 Jahre ist die verschwenderisch mit Kunstwerken ausgestattete Michaeliskirche alt. Ihr frei stehender, aus Bruchsteinen gemauerter Turm gehörte ursprünglich zur Stadtbefestigung.

Graacher Tor 6

Graacher Str. 16, Museum Ostern–Ende Okt. und zum Weihnachtsmarkt Fr–So 15–17, Do zum Moselabend mit Wein 19–21 Uhr, 2 €

In dem barock überformten Tor, dem einzig erhaltenen der einst acht Tore und Pforten der Stadtbefestigung, ist das Heimatmuseum untergebracht.

Doctor-Brunnen 7

Gestade 12–14

Prächtige Bronzereliefs erzählen an der Fontäne vor der ehemaligen Kurfürstlichen Kellerei die Legende der berühmten ›Doctor‹- Weinlage.

Sonnenuhr 8

Kues zeigt seinen Stolz bereits mitten auf der Moselbrücke: Dort steht eine imposante Sonnenuhr mit dem Porträt des Nikolaus von Kues. Aufgestellt wurde sie anlässlich des 600. Geburtstages des großen Theologen, Philosophen und Wissenschaftlers, der 1401 in Kues zur Welt kam. ▷ S. 77

Der romantische Traum vom Fachwerkhaus erhält in Bernkastel ein Gesicht

Bernkastel-Kues

Sehenswert

1 Weinkulturelles Zentrum
2 Michaelisbrunnen
3 Rathaus
4 Spitzhäuschen
5 Pfarrkirche St. Michael
6 Graacher Tor
7 Doctor-Brunnen
8 Sonnenuhr
9 Cusanus-Geburtshaus

Übernachten

1 Hotel Burgblick
2 Weingut S.A. Prüm
3 Domizil Schiffmann
4 Weinromantikhotel Richtershof

Essen und Trinken

1 Graacher Tor
2 Doctor Weinstube
3 Cafe K

Cusanus-Geburtshaus 9

Nikolausufer 49, Tel. 06531 28 31, Mitte April–Ende Okt. Di–Sa 10–12 und 14.30–17, So 10–12 Uhr, Nov.–Mitte April Di–Sa nur nachm.
Hinter seiner weißroten Zinnenfassade wurde eine Dauerausstellung zu Leben und Werk des großen Gelehrten eingerichtet, dazu gibt es wechselnde Kunstschauen, Konzerte und Vorträge.

Übernachten

Moderne Klarheit – **Hotel Burgblick 1**: Goethestr. 29, Tel. 06531 972 27 70, www.burgblickhotel.de, DZ 79–89 €. Lichtdurchflutete, 2009 neu gestaltete 15 Zimmer mit Parkettböden und schnörkellos zeitgenössischem Mobiliar. Wellness-Pauschalen mit Traubenkernölmassagen.

Winzercharme – **Gästehaus Weingut S.A. Pruem 2**: Uferallee 26, Wehlen, 5,5 km flussabwärts, Tel. 065 31 31 10, www.sapruem.com, DZ 75–95 €. Schmiedeeiserne Leichtigkeit, großzügige Räume.

Nette Extras – **Domizil Schiffmann 3**: Hauptstr. 52, Mülheim, 5 km flussaufwärts, Tel. 06534 94 76 90, www.domizil-schiffmann.de, DZ 84 €. Neuer, ellipsenförmiger Bau, 18 lichte, moderne Zimmer. Mineralwasser und Telefonieren ins deutsche Festnetz inkl.

Edle Behaglichkeit – **Weinromantikhotel Richtershof 4**: Hauptstr. 81-83, Mülheim, 5 km flusssaufwärts, Tel. 06534 94 80, www.weinromantikhotel.de, DZ 155–375 €. Relais & Château-Haus mit gelungener Symbiose aus Tradition und Moderne, 42 individuell und edel eingerichtete Zimmer. Kleines römisches Spa, ›Beauty Atelier‹, Zigarrenlounge.

Essen und Trinken

Tradition modernisiert – **Graacher Tor 1**: Graacher Str. 3, Tel. 06531 46 59, www.graacher-tor.de. Neuzeitliche und traditionelle Gerichte in 400 Jahre altem Fachwerkambiente, z. B. Lasagne von der Bernkasteller Blutwurst, Monschauer Senfrahmsüppchen oder vegetarischen Scholes (Dippekuche) mit Rahmgemüse. Hauptgerichte ab 13 €.

Der Klassiker – **Doctor Weinstube 2**: Hebegasse 5, Tel. 06531 966 50, www.doctor-weinstuben.de, tgl. ab 18 Uhr. Historische Adresse, uriges Schnitzambiente. Rustikales und verfeinertes Regionales wie Trestergeschnetzeltes oder Moselländische Gerstensuppe mit Entenbrust. Hauptgerichte ab 13,50 €.

Palais mit Moselblick – **Cafe K 3**: Gestade 2, Tel. 06531 50 07 14, Di–So 10–18 Uhr. Alter Name am neuen Ort: in einem sanierten Stadtpalast von 1900. Über Generationen bewährte Rezepte gepaart mit leichter Frische. Außer Kuchen auch tgl. Frühstück mit frischen Zutaten aus der Region.

Sport und Aktivitäten

Führungen – Die ›Doctor-Wein-Tour‹ folgt einmal im Monat den Spuren einer Legende (1,5 Std., 8 €, zwei Gläser Wein inkl.). Um die Weinkultur generell geht es bei der Tour mit einem Weinerlebnisbegleiter (ab 10 Pers., ca 2 Std., 8 €, Umtrunk 2 €, Termine n. V.). Kontakt und Info für beide über die Tourist-Information.

Infos und Termine

Tourist-Information/Mosel Gästezentrum: Gestade 6, Tel. 06531 50 01 90, www.bernkastel.de, April–Anfang Nov. Mo–Fr 9–12.30 und 13–17, Sa 10–17, So 10–13 Uhr.

Weinfest der Mittelmosel: 1. Septemberwochenende. Mit Feuerwerk von der Burg Landshut und vom Bernkasteler Moselufer sowie farbenprächtigem Festzug.

In der Umgebung

Kloster Machern ▶ F 4
An der Zeltinger Brücke, Bernkastel-Wehlen, Tel. 0651 95 16 40, www.klostermachern.de
Nach seiner Renovierung umfasst das Stift heute u. a. die Klosterdestille, ein Restaurant, eine Brauerei sowie ein Spielzeug- und Puppenmuseum.

Wehlen ▶ F 4
Wie die Weinberge von Zeltingen haben auch die Wehlener eine historische **Sonnenuhr**. Sie hat dem Ort in Sachen Rebensaft Weltruhm verschafft. Seinen Reichtum beweisen eine Vielzahl historischer Weinhöfe und Villen – und die von Bürgern 1947 gestiftete Hängebrücke über den Fluss zu ihrer Edellage.

Brauneberg ▶ F 4
Im Bereich der Weinlage ›Brauneberger Juffer-Sonnenuhr‹ steht die rekonstruierte Römerkelter mit Originalstein (der in ihr gepresste Wein kann im Tourismusamt erworben werden). Im ehemaligen Franziskanerinnenkloster (1455) mit dem frühromanischen Andreasturm ist heute das Heimatmuseum untergebracht. In der Klosterkirche befindet sich die älteste Krypta nördlich der Alpen, 36 Nonnen ruhen hier. Stilvoll einkehren kann man im Brauneberger Hof, Moselweinstraße 136, Tel. 06534 14 00, www.mosel-erlebnis.de.

Idar-Oberstein ▶ H 6
Bei einem Ausflug entlang der Deutschen Edelsteinstraße können Sie einen Blick in Schleifereien und Edelsteinminen werfen, direkt 9| S. 79.

Neumagen-Dhron ▶ E 5

Der Ortsname ist keltischen Ursprungs, doch geprägt wurde der Ort durch die Römer: Dank jahrhundertealter Weinkultur erblühte er rasch zum Handelsort und wurde zudem Standort des einzigen Römerkastells an der ▷ S. 82

Ein römisches Grabmal der besonderen Art – das berühmte Neumagener Weinschiff

9 | Zu funkelnden Steinen – Ausflug nach Idar-Oberstein

Karte: ▶ F–H 4–6 | **Pkw-Rundfahrt:** ab Bernkastel-Kues rund 100 km

Immer dem Diamantsymbol nach geht es quer durch die reizvolle Mittelgebirgslandschaft des Hunsrücks in die Edelsteinstadt Idar-Oberstein, in deren Umgebung Sie noch heute Edelsteinschleifern über die Schulter schauen oder selbst nach Edelsteinen schürfen können.

Von Bernkastel-Kues führt dieser Ausflug quer durch den Hunsrück ins Land der Edelsteine. Seit dem Mittelalter gab es um Idar-Oberstein Mineralienfunde, die bis ins späte 19. Jh. abgebaut wurden. Die Steine – z. B. Achate, Amethyste, Jaspis – wurden direkt vor Ort in Schleifmühlen verarbeitet. 183 dieser wasserbetriebenen Schleifstätten zählte man einst, 56 allein am Idarbach. Nachdem der kommerzielle Mineralienabbau in den Minen zum Erliegen kam, legte man bald auch einen Großteil der Bachschleifen still. Jene, die heute noch aktiv sind, verarbeiten meist Importware, z. B. aus Brasilien, wo Auswanderer aus Idar-Oberstein bereits 1827 am Rio Grande do Sul die wichtigsten Achatvorkommen der Welt entdeckt hatten.

Aktiv im Schürfstollen

Die Route folgt der durch ein Diamantsymbol gekennzeichneten Deutschen Edelsteinstraße. 1974 gegründet, verbindet sie heute auf einer Strecke von rund 48 km alle Orte, die von der Edelsteinverarbeitung geprägt sind. Erste Station ist **Allenbach** 1 mit seinem schönen Schloss und einer sehenswerten modernen Edelsteinschleiferei. Über **Katzenloch** 2, wo ein historisches Sägewerk beheimatet ist, geht es weiter bis **Kirschweiler** 3. Auch dort erwartet den Reisenden eine moderne Besichtigungsschleiferei. Bei Algenrodt liegen inmitten eines Naturschutzgebietes die einzigen zur Besichtigung freigegebenen Edelsteinminen Europas.

Neben dem Besucherstollen umfasst der **Steinkaulenberg** 4 auch Schürffelder, wo man nach seinem eigenen Gesteinsschatz schürfen kann.

Das harte Tagwerk der Edelsteinschleifer früherer Jahrhunderte wird Besuchern in der restaurierten **Historischen Weiherschleife** 5, der ältesten noch erhaltenen Achatschleifmühle, live demonstriert. Das heute in einer herrlichen Parklandschaft nördlich vor den Toren Idar-Obersteins liegende Anwesen war – mit Unterbrechungen – von 1634 bis 1945 in Betrieb.

Funkelnde Pracht

In all ihrer Pracht zeigen sich die Steine in **Idar-Oberstein** 6. Ein Edelsteinbrunnen plätschert dort und durch die Fußgängerzone des Stadtteils Idar zieht sich ein mit Edelsteinen besetzter Bach. Ganz in seiner Nähe steht das **Deutsche Edelsteinmuseum**. Alle weltweit vorkommenden Edelsteine sind in der Gründerzeitvilla in mehr als 9500 Exponaten zu bewundern. Neben rohen und geschliffenen Steinen präsentiert die wohl größte Sammlung ihrer Art kunstvoll gearbeitete Skulpturen und Gravuren. Lohnenswert ist auch der Blick in den Kristallsaal des **Museums Idar-Oberstein** zu Füßen der sehenswerten **Felsenkirche**.

Die geheimnisvolle Schönheit kostbarer Edelsteine, Kristalle und Mineralien ist in den Höhlen und Grotten der **Edelstein-Erlebniswelt** der Schmuckfabrik Gottlieb in der Nähe des Bahnhofs mit Licht- und Farbspielen kunstvoll in Szene gesetzt. Auch eine Edelsteinschürfstelle für Kinder gibt es.

Übrigens: Gut 30 Schmuckgeschäfte in Idar und Oberstein fertigen die meisten ihrer Stücke noch selbst und sind lohnende Adressen für Souvenirs, z. B. Jürgen Stellwagen (Keltenstr. 39), Thomas Allekotte (Alte Gasse 4), Jürgen Müller (Wilhelmstr. 34) und Stein + Becker (Hauptstr. 444).

Von den einst zahlreichen Betrieben der Schmuck- und Metallwarenindustrie in Oberstein sind nur noch wenige erhalten. Einer davon ist die **Ketten- und Bijouteriewarenfabrik Jakob Bengel** von 1873, die nahezu unversehrt erhalten ist. In den historischen Fabrikationsräumen können Sie Arbeitsweisen und technische Abläufe an laufenden Maschinen erleben.

Zurück zur Mosel

Auf der Rückfahrt passiert man zunächst das Fischbachtal. Im **Kupferbergwerk von Fischbach** 7 wird der mittelalterliche Erzabbau dargestellt; an jedem ersten Oktoberwochenende richtet der Ort ein mittelalterliches Bergwerksfest aus. In **Herrstein** 8 mit seinem aufwendig restaurierten Fachwerkensemble gibt es einen sehenswerten Schinderhannesturm. In der noch wasserbetriebenen Edelsteinschleiferei **Asbacher Hütte** 9 drehen sich seit vier Generationen ununterbrochen die riesigen Sandsteinräder. Und **Kempfeld** 10 hat als Attraktion einen Edelsteingarten: 60 auf Pfosten präsentierte Edelstein-Rohsteine laden vor seinen Toren zum Schauen und Anfassen ein.

Infos

Tourist-Information: Georg-Maus-Str. 2, Idar-Oberstein, Tel. 06781 644 21, www.idar-oberstein.de.

Edelsteinminen Steinkaulenberg **4:** Algenrodt, Tel. 06781 474 00, www.edelsteinminen-idar-oberstein.de, 15. März–15. Nov. tgl. 9–17 Uhr,

4,50 €. Schürffelder 14 € für 2 Std., Anmeldung erforderlich.
Historische Weiherschleife 5: Tiefensteiner Str. 87/B 442, Tel. 06781 90 19 18, www.edelsteinminen-idar-oberstein.de, 15. März–15. Nov. tgl. 10–18 Uhr, 3,50 €. Schürfplatz 7 € für 2 Std., tel. Anmeldung.
Deutsches Edelsteinmuseum: Hauptstr. 118, Idar-Oberstein, Tel. 06781 90 09 80, www.edelsteinmuseum.de, Mitte Feb.–April tgl. 10–17, Mai–Okt. tgl. 9.30–17.30, Nov.–Anfang Jan. Di–So 10–17 Uhr, 5 €.
Museum Idar-Oberstein: Hauptstr. 436, Idar-Oberstein, www.museum-idar-oberstein.de, April–Okt. tgl. 9–17.30, Sommerferien bis 19 Uhr, Nov.–März tgl. 11–16.30 Uhr, 4,70 €, Kombikarte Edelsteinmuseum 8,50 €.
Edelstein-Erlebniswelt: Nahestr. 42, Idar-Oberstein, Tel. 06781 20 50, www.edelstein-erlebniswelt.de, Mo–Fr 9–18, Sa 10–18 Uhr, 3 €, Schürfstelle 3 € für 30 Min.
Ketten- und Bijouteriewarenfabrik Jakob Bengel: Wilhelmstr. 42a, Idar-Oberstein, Tel. 06781 270 30, www.jakob-bengel.de, Mo–Fr 7–16 Uhr, 3 €, Führungen n. V., bis 4 Pers. 22,50 € inkl. Eintritt.
Kupferbergwerk Fischbach 7: Tel. 06784 23 04, www.besucherbergwerk-fischbach.de, Mitte Febr.–Mitte. Nov. tgl. 10–17 Uhr, sonst nur Führungen um 11.30 und 13.30 Uhr, 4,50 €.
Asbacher Hütte 9: Achatschleiferei Ernst Biehl jun., Asbacherhütte, Tel. 06786 15 05, Do–Di 9–17.30 Uhr (Fei und Schulferien auch Mi), 2,50 €.
Edelsteingarten Kempfeld 10: Kempfeld (im Ort ausgeschildert), Tel. 06786 70 33, www.edelsteingarten.kempfeld.de, tgl. geöffnet, Eintritt frei.

Und wenn der Hunger kommt

Hoch über der Altstadt von Idar-Oberstein bietet die **Wyrich Stube** im Schloss Oberstein Stärkungen an, Tel. 06781 56 22 65, Di–So 11–21 Uhr.

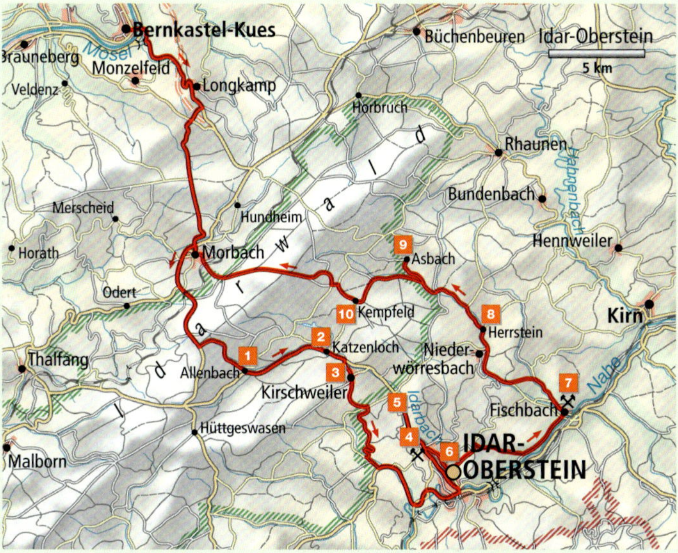

Mosel. In den Relikten des Kastells fand man auch das berühmte **Römerweinschiff**, dessen fahrtüchtiger Nachbau unterhalb des Jachthafens ankert – und auf dem Sie eine Bootstour unternehmen können, direkt 10| S. 83.

Der **Archäologische Rundweg** verbindet die römischen Denkmäler des Orts (Infoblatt in der Tourist-Information). Weitere Exponate aus Römerzeit zeigt das **Heimatmuseum** im ehemaligen Amtshaus der Grafen von Sayn-Wittgenstein (Grafenweg 1, Mo–Fr 9–13 und außer Mi 14–17, Sa 10–12 Uhr).

Übernachten

Mit guter Küche – **Hotel Zur Post:** Römerstr. 79, Tel. 06507 93 97 71, www.hotel-zurpost.com, DZ ab 67 €. Nett eingerichtetes Haus mit 8 Zimmern (plus 8 Zimmer im Gästehaus), das Hotelrestaurant bietet leckere Küche.

Beim Winzer – **Weingut St. Joseph:** In der Dur 11, Piesport, Tel. 06507 51 61,www.weingut-spang.de. Familienfreundliche Gästezimmer und Wohnungen für 2–4 Pers. (2 Pers. 41 €). Gartenterrasse und alte Probierstube.

Essen und Trinken

Straußwirtschaft – **Vinopolis/Weingut Konstantinhöhe:** Konstantinhöhe 1-2, Tel. 06507 938 97 10, www.konstantin-weine.de, Mai/Juni Di–So ab 11 bzw. 19 Uhr (je nach Wetter), Sept./Okt. ab 11 Uhr. Aufgetischt werden z. B. Zwiebelkuchen, Spundekäs im Laugenkranz und geräucherter Speck vom Dorfmetzger. Speisen ab 7 €.

Infos und Termine

Tourist-Information: Hinterburg 8, Tel. 06507 65 55, www.neumagen-dhron.de, Mo–Fr 9–13, außer Mi auch 14–17, Sa 9–12 Uhr.

Weinstraßenfest: 4. Septemberwochenende. Die Winzer öffnen ihre Keller und Scheunen; dazu gibt es Musik und Römer-Auftritte.

Trittenheim ►E 5

Fast jede Familie des erstmals 893 urkundlich erwähnten Orts (ca. 1100 Einw.) arbeitet in den Reben; ›Trittenheimer Altärchen‹ und ›Trittenheimer Apotheke‹ gehören zu den bekanntesten Weinlagen an der Mosel. Der Trittenheimer Winzersohn Johannes Zeller machte im 15. Jh. unter dem Namen Trithemius als humanistischer Gelehrter europaweit von sich reden; sein Denkmal steht auf der Moselbrücke. Im Ortsteil Dhrönchen wurde 1906 der bekannte Dichter Stefan Andres geboren. Von der **Zummethöhe** hat man einen großartigen Panoramablick über die gesamte Moselschleife. Inmitten der gegenüberliegenden Weinberge erspäht man auch die spätmittelalterliche **Laurentiuskirche** (erweitert 1583). Vier der Bildstöcke auf dem Weg dort hinauf wurden 1654 von Winzerfamilien gestiftet, nachdem eine Pestseuche vorüber war. Noch weiter auf der Höhe, mit herrlichem Blick auf das Moseltal, steht der ›Hinkelstein‹. Er ist einer der wenigen in der Region erhaltenen Menhire.

Übernachten

Auf dem Weingut – **Gästehaus Marietta Eifel:** Laurentiusstr. 17, Tel. 06507 59 72, www.weingut-bernhard-eifel.de, DZ 60–66 €.

Essen und Trinken

Gourmetküche – **Wein- und Tafelhaus:** Moselpromenade 4, Tel. 06507 70 28 03, www.wein-tafelhaus.de, Mi–So 12–13.30 und 18.30–21.30 Uhr. Exzellent speisen Sie bei Alexander Oos mit herrlichem Blick auf die Trittenheimer Weinberge. Hauptgerichte ab 28 €.

10 | Stella Noviomagi – Römererbe zu Wasser und zu Lande

Karte: ▶ E 5 | **Start:** Bootstour ab Neumagen | **Dauer:** ca. 2 Std.

Antike Schifffahrt hautnah erleben: Auf dem Nachbau des berühmten Neumagener Weinschiffs gibt es dazu regelmäßig am Wochenende Gelegenheit.

»Arbeitsfreudiges Volk und fleißig sich mühende Winzer tummeln sich hier auf der Höhe und dort auf den niederen Hängen und singen dabei um die Wette«, schrieb der römische Dichter Decimus Magnus Ausonius über Noviomagus, das heutige Neumagen. Kaiser Konstantin wählte den knapp 40 km von seiner Kapitale Trier entfernten Ort zum Sommersitz und ließ dort ein von 13 Rundtürmen und zwei Toranlagen befestigtes Kastell erbauen, dessen Reste Ende des 19. Jh. beim Ausbau der Moselstraße entdeckt wurden.

Weinschiff als Grabmal

Unter den Grabmalen römischer Familien und Kaufleute, die in den Fundamenten des Kastells verbaut waren und mit Reliefs oder Inschriften den antiken Alltag mit Handel und Weinbau widerspiegeln, war auch das berühmte **Neumagener Weinschiff** 1. Wahrscheinlich hatte sich ein reicher Weinhändler mit der aufwendigen Steinminiatur verewigen wollen. Sie bestand eigentlich aus zwei Schiffskörpern, verbunden durch eine Pyramide von Amphoren. Von der zweiten Skulptur ist aber nur noch das Heck erhalten. Die intakte Plastik zeigt eine mit vier großen Weinfässern beladene Galeere, an deren Bug und Heck furchterregende Drachenköpfe aufragen; Symbole, die helfen sollten, Gefahren und Feinde abzuwehren. Für alle Fälle aber war der Bug auch mit einem Rammsporn versehen. Sieben Matrosen und ein Steuermann repräsentieren die Besatzung; 22 Ruder geben Aufschluss über die ursprüngliche Mannschaftsstärke römischer Schiffe.

Projekt Römerschiff

Die steinerne Nachbildung des Neumagener Weinschiffs am Fundort (das Original befindet sich im Landesmuseum Trier, s. S. 86) hat mittlerweile hölzerne ›Konkurrenz‹ bekommen – und zwar in den echten Dimensionen einer römischen Handelsgaleere, die im eigens gebauten Hafen ankert.

Für die schon länger existierende Idee, das weltweit bekannte Weinhändler-Grabmal aus dem frühen 3. Jh. als schwimmfähiges Schiff nachzubauen, mussten 400 000 € aufgebracht werden. Europa und Rheinland-Pfalz steuerten mehr als die Hälfte bei. Das Holz und den ›Heimathafen‹ stiftete die Gemeinde Neumagen-Dhron; die handwerklichen Arbeiten im Wert von fast 200 000 € ›spendierte‹ die Handwerkskammer Trier. Im Rahmen eines Förderungsprogrammes machten sich dort 13 Jugendliche unter der Anleitung eines Zimmermeisters und zweier Schiffsbauer ans Werk. Nach rund 15 Monaten hatten sie die **Stella Noviomagi** 2 vollendet. Am 14. September 2007 lief das größte jemals im deutschen Sprachraum nachgebaute, schwimmfähige Römerschiff in Trier vom Stapel; 15 Tage später machte sich die fast 18 m lange und 4,20 m breite Galeere auf zu ihrer Jungfernfahrt nach Neumagen-Dhron.

Übrigens: Mitte Juli richtet Neumagen-Drohn sein dreitägiges **Weinschifffest** aus mit Weinmajestäten und römischem Fußvolk. An diesem Festwochenende verkehrt die Stella Noviomagi Fr, Sa und So im Stundenrhythmus ohne Reservierung (5 €), die Fahrt dauert ca. 1 Std.

Anders als auf dem römischen Vorbild ist jedoch anstelle der vier Fässer nur eines an Bord. Und es enthält auch keinen Wein, sondern birgt die Steueranlage der Stella Noviomagi. Denn statt mit Muskelkraft wird das Schiff hauptsächlich durch zwei 50-PS-Motoren angetrieben. Auf Wunsch und bei guter körperlicher Verfassung können sich die bis zu 40 Passagiere des 14 Tonnen schweren Bootes aber auch in die Riemen legen wie einst die römischen Sklaven. Oder wie die lokale Römertruppe beim – stilgerecht mit Wein aus einer Amphore begossenen – Stapellauf. Allerdings sei es ganz schön kompliziert, eine Galeere mit mehr als 40 Rudern fortzubewegen, gibt Christian Herres vom Römerschiff Infopavillon zu bedenken. Daher fährt der ›Stern von Neumagen‹ fast ausnahmslos mit Dieselpower.

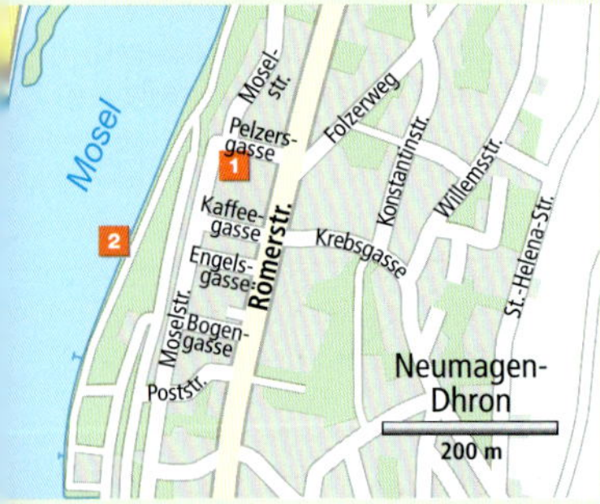

Infos

Ausflüge der Stella Noviomagi starten vom Neumagener Moselufer. Treffpunkt ist der Infopavillon des Römerweinschiffs (Pelzersgasse 5-7, Tel. 06507 70 20 61, www.roemerwein schiff.de), wo ein Film zunächst in die antike Schifffahrt einführt: Sa 15.30, So 10 Uhr, in den rheinland-pfälzischen Schulferien auch Mi 14 Uhr, 15 €, Dauer der Tour ca. 2 Std. Das Schiff kann auch von Gruppen gechartert werden.

Rund um Trier

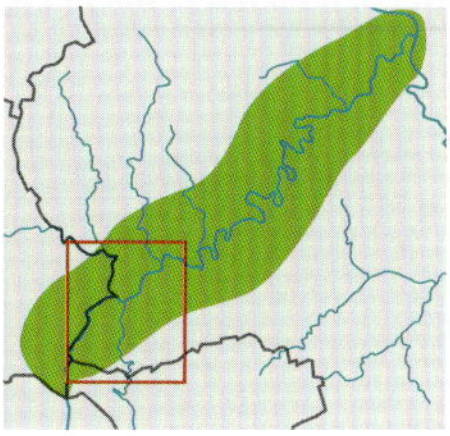

Trier ▶ D 6, Cityplan S. 90

Das dichte Nebeneinander von Historischem und Modernem, Architektur und Natur macht den Charme der nach den Kriegszerstörungen im historischen Kern weitgehend restaurierten Universitätsstadt (105 000 Einw.) aus und zieht alljährlich Tausende von Besuchern an. Vor allem das **›römische Trier‹** 1 – 8 (direkt 11 | S. 87) übt große Faszination aus.

Die Nähe zu den Nachbarn im Vierländereck ist überall deutlich zu spüren, denn nur 30 Autominuten sind es bis zur französischen Grenze, nur wenig mehr nach Belgien, und Luxemburg liegt quasi vor der Tür. Vom Trubel an den Baudenkmälern – allein neun wurden in die Liste des UNESCO-Welterbes aufgenommen – und in den Einkaufsstraßen kann man in zahlreichen Parks und an stillen Plätzen entspannen. Hinter dem römischen Amphitheater beginnen sogleich die Weinberge.

Stadtmuseum Simeonstift 9

Simeonstr. 60, direkt neben der Porta Nigra, www.museum-trier.de, Di–So 10–18 Uhr, 5 €

Seitlich des im Mittelalter zur Kirchenburg umgestalteten Wehrbaus Porta Nigra steht das 1034 errichtete Stift, dessen teilweise erhaltener Kreuzgang zu den ältesten Deutschlands zählt. Heute ist hier ein interessantes Museum zur Geschichte der Stadt untergebracht.

Rund um den Hauptmarkt

Vorbei an dem prachtvollen frühgotischen **Dreikönigenhaus** 10 (heute Café) und dem einstigen jüdischen Ghetto (Stockstr./Judengasse) gelangt man zum Herz der Stadt, dem Hauptmarkt mit dem **Petrusbrunnen** 11 (barocke Darstellung der vier Kardinaltugenden). Die drei augenfälligsten Bauwerke sind die Marktkirche **St. Gangolf** 12 mit ihrem beeindruckenden Turm (die beiden oberen Stockwerke wurden von der Bürgermeisterwitwe Adelheid von Besselich Anfang des 16. Jh. gestiftet), die **Steipe** 13 (15. Jh., vom mundartl. Ausdruck für ›Stütze‹), einst repräsentatives Fest- und Trinkhaus der Trierer Ratsherren, sowie das **Rote Haus** 14 (17. Jh). An seinem Giebel prangt in goldenen Lettern »Ante Romam Treveris stetit annis mille trecentis« – die (unwahre) Behauptung, Trier habe bereits 1300 Jahre vor Rom bestanden. In der Dietrichstraße 5 erhebt sich der **Frankenturm** 15, ein romanischer Wohnturm (11. Jh., wahrscheinlich bewohnt von Franco von Senheim, daher der Name). Im Rahmen einer Führung kann das renovierte Bauwerk auch begangen werden.

Dombezirk

Dom: www.trierer-dom.de, April–Okt. tgl. 6.30–18, sonst bis 17.30 Uhr; Domschatzkammer: April–Okt. Mo–Sa 10–17, So/Fei 12.30–17, Nov.–März Mo–Sa 11–16, So/Fei 14–16 Uhr, 1,50 €, Kombikarte Dommuseum 4 €

Die kleine Sternstraße führt vom Hauptmarkt zum Domfreihof und zur Doppelkirchenanlage **Dom St. Peter** 16 und **Liebfrauenkirche** 17 (bis Herbst 2011 wegen Renovierung geschlossen) Hier stand ursprünglich ein römischer Kaiserpalast. Ihm folgten zahlreiche weitere Bauprojekte – von der wohl größten frühchristlichen Doppelkirche bis zur letzten Domumgestaltung Anfang des 18. Jh. In der Domschatzkammer ist die berühmteste Trierer Reliquie, der ›Heilige Rock‹ Christi, zu sehen; die Liebfrauenkirche besticht durch ihren ungewöhnlichen Grundriss in Gestalt einer zwölfblättrigen Rose.

Bischöfliches Dom- und Diözesanmuseum 18

Windstr. 6-8, www. museum.bistum-trier.de, April–Okt. Mo–Sa 9–17, So/ Fei 13–17 Uhr; Nov.–März nur Di–So, 3,50 €, Kombikarte Domschatz 4 €

Hauptattraktion ist das Deckengemälde aus dem Konstantinpalast.

Palais Kesselstatt 19

Liebfrauenstraße

Die lang gestreckte Gebäudefassade gegenüber den Gotteshäusern gehört zum Stadtsitz einer bedeutenden Reichsgrafenfamilie. Wie so vieles in Trier, errichtete man auch ihn auf römischen Fundamenten.

Kurfürstliches Palais 20

Besichtigungen der Innenräume nur eingeschränkt möglich, Auskunft bei der Tourist-Information (s. S. 94); Palastgarten tgl. durchgehend geöffnet

Wie angeklebt an die römische Palastaula wirkt das Renaissanceschloss. Für das Palais nach dem Vorbild der Würzburger Residenz wurden Teile des römischen Prachtbaus abgerissen, ihr Westflügel in den Neubau mit einbezogen. Südlich des Palais und seiner barocken Hauptfassade erstreckt sich der Palastgarten bis hin zu den Kaiserthermen.

Rheinisches Landesmuseum 21

Weimarer Allee 1, www.landesmuseum-trier.de, Di–So 10–17 Uhr, 6 €

Stellt exquisite Zeugnisse der Römerzeit aus, darunter Grabdenkmäler, Mosaike und das Neumagener Weinschiff.

Karl-Marx-Haus 22

Brückenstr. 10, April–Okt. tgl. 10–18, Nov.–März Mo 14–17, Di–So 11–17 Uhr, www.fes.de/marx, 3 €, am 1. So im Monat frei

Geburtshaus des politischen Reformers mit Dokumenten zu seinem Leben und der frühen Arbeiterbewegung. Im Oktober 1819 kaufte die Familie Marx ein kleineres Haus in der Simeonstraße (heute Nr. 8), wo Karl Marx bis zu seinem Abitur 1835 lebte.

Übernachten

Top-Lage – **Mercure Hotel** 1: Porta-Nigra-Platz 1, Tel 0651 270 10, www.mercure.com, DZ 88–113 €, Frühstück extra. Vier-Sterne-Haus gegenüber der Porta Nigra mit 106 klimatisierten Zimmern (WLAN), mit modernem Restaurant und neuer, golden strahlender Bar.

An der Porta Nigra – **Schroeders Zum Christophel** 2: Simeonstr. 1, Tel. 0651 979 42 00, www.zumchristophel.de, DZ 85–110 €. Freundliches kleines Innenstadthotel über dem gleichnamigen Restaurant. Von den 11 gemütlichen Zimmern teils Blick auf die Porta Nigra oder den Dom.

Günstig – **Warsberger Hof** 3: Dietrichstr. 42, Tel. 0651 97 52 50, www.warsberger-hof.de, Jugendgästehaus und Hostel, auch EZ und DZ in einer ruhigen Seitenstraße zum Hauptmarkt, DZ 47–51 € ohne Frühstück. Gartenwirtschaft und Freiterrasse zum Rautenstrauchpark. ▷ S. 92

11 | Palastaula und Thermenpracht – das römische Trier

Karte: ► D 6 | **Cityplan:** S. 90

Bereits ›ad quintum lapidem‹, beim fünften Meilenstein (an dessen Platzierung noch der Trierer Stadtteil Quint mit dem gleichnamigen Schloss der Familie Pidoll zu Quintenbach erinnert), konnten Reisende aus Richtung Eifel zur Römerzeit die wuchtigen Formen des Doms und der Palastaula von Augusta Treverorum am jenseitigen Ufer der Mosella erkennen. Das inzwischen von der UNESCO geadelte Erbe der römischen Blütezeit wird in Trier aktiv und fantasievoll verwaltet.

Um vom Nordwesten nach Augusta Treverorum zu gelangen, schlugen die Römer bereits 16 v. Chr. in der Nähe einer befestigten Furt eine erste – komplett hölzerne – Brücke über die Mosel. Abgelöst wurde dieser Pfahljochbau unter Kaiser Vespasian (71 n. Chr.) durch eine Konstruktion aus Holzrosten und Stein, deren mächtige Pfahlstellungen noch heute bei niedrigem Wasserstand erkennbar sind. Bald erwies sich diese Pfahlrostbrücke allerdings für den zunehmenden Verkehr als zu schmal – und so wurde anno 144, rund 8 m flussaufwärts, mit dem Bau einer neuen **Brücke** 1 begonnen. Ihre hölzerne Fahrbahn war ursprünglich 10 m (!) breit. Das auf mächtigen Steinquadern gründende Bauwerk ist so stabil und großzügig dimensioniert, dass es – natürlich mit einigen Anpassungen – selbst die verkehrstechnischen Anforderungen des 21. Jh. erfüllt.

Schwarzes Tor – einst weiß

Auf den Moselübergang hin orientierte sich das gesamte Straßenraster der römischen Stadt: Die Ost-West-Achse fand in der Brücke, durch einen Straßenknick leicht nach Norden versetzt, ihre Fortsetzung auf das westliche Moselufer. Die heute nicht mehr existierende Porta Inclyta stellte vermutlich das Ende dieser Achse dar.

Die unter Kaiser Antonius Pius erbaute Stadtmauer umfasste mindestens fünf prächtige Tore. Das nördlichste erhielt im Mittelalter den Namen **Porta Nigra** 2 – wahrscheinlich aufgrund von Verwitterungsspuren des ursprünglich hellen Baumaterials. Denn für die gesamte Stadtbefestigung nutzten die Römer den weißen Sandstein aus dem Kylltal. Die Porta Nigra gilt als das besterhaltene Stadttor der Antike. Seine uns heute gewaltig erscheinenden Ausmaße – 36 m breit, gut 20 m tief und bis zu den Turmspitzen knapp 30 m hoch – waren zu Römerzeiten nichts Besonderes, sondern entsprachen der damaligen Norm für Stadttore. Die Porta Nigra ist das einzige Tor, das den Abbruch der Trierer Stadtbefestigung im Mittelalter überlebte. Im 11. Jh. richtete sich der griechische Mönch Simeon in ihrem Ostturm seine Klause ein. Nach seinem Tod wurde der Eremit heilig gesprochen und das Tor zu seiner Grabkirche umgebaut. Später fügte man ein klosterähnliches Stiftsgebäude und eine Apsis an. Erst Napoleon veranlasste den Rückbau (mit Ausnahme der Apsis). Im Inneren der Porta sind heute sowohl Spuren der Doppelkirche als auch römische Steinmetzzeichen und Datumsgraffiti zu sehen. Im einstigen Stiftsgebäude befindet sich jetzt das Stadtmuseum (s. S. 85).

Aula Palatina

Auch die römische **Palastaula** 3 bot ursprünglich ein anderes Bild als heute. Man betrat den rechteckigen Bau durch eine quer davor liegende Vorhalle. Kaiser Konstantin ließ den repräsentativen Fest- und Versammlungskomplex um 310 errichten. Die Basilika, wie der kaiserliche Prunksaal heute genannt wird, ist mehr als 70 m lang, gut 30 m breit und war wahrscheinlich auch gut 30 m hoch. Grauweißer Kalkputz verbarg das Mauerwerk aus roten Ziegeln. Nur die Fensterlaibungen waren farbig gestaltet: mit goldenen Ranken auf weinrotem Grund. Reste sind noch gut an den unteren Fenstern zu erkennen. Im Innern der gewaltigen Halle waren die Wände bis unter die obere Fensterreihe mit Marmor verkleidet. Nischen mit Säulen und Baldachinen boten im unteren Teil der Triumphbogenwand und der Apsis Platz für die Marmorbildnisse der kaiserlichen Familie. Den oberen Abschluss der Aula bildete wahrscheinlich eine hölzerne, reich verzierte farbige Kassettendecke. Ab dem Mittelalter verlor die Palastaula rasch an Bedeutung, mehrfach wurde gravierend in ihre Bausubstanz eingegriffen.

Badekultur mal drei

Triers römische Badekultur erblühte bereits im 1. Jh. Eine kleine Therme lag damals wohl am heutigen Viehmarkt; ihr Ausbau erfolgte aber erst zwei Jahrhunderte. später. Die **Thermen am Viehmarkt** 4 wurden 1987 entdeckt und ein Jahrzehnt später, unter einem Glasbau des Architekten Oswald M. Ungers, der Öffentlichkeit zugänglich gemacht.

Noch bis ins 17. Jh. dreistöckig erhalten, blieben die **Barbarathermen** 5 (2. Jh.). Auf einer Grundfläche von mehr 40 000 m² konnten die Bürger von Augusta Treverorum sich hier nicht nur dem Reinigungsritual hingeben. Die damals zweitgrößte Badeanlage im ganzen Imperium Romanum fungierte vielmehr wie ein Freizeitzentrum, mit Sporthallen und -höfen, Massageräumen und Läden. Einmalig in der Welt der Thermenarchitektur waren die beiden beheizten Schwimmbecken. Fast 300 Jahre blieb diese prunkvolle antike Wellnessanlage in Betrieb.

Keinen Tropfen Wasser sahen hingegen je die **Kaiserthermen** 6. Nachdem ihr Auftraggeber Kaiser Konstantin seinen Amtssitz von Trier nach Konstantinopel verlegt hatte, wurde der auf einer Fläche von 250 x 145 m konzipierte und schon recht weit fortgeschrittene Prachtbau gestoppt. Erst im 4. Jh. erfolgte die Fertigstellung und der Umbau in eine Kaserne. Ab dem 5. Jh. verfiel die Anlage; im Mittelalter wurde sie als Steinbruch bzw. teilweise als Wohnstätte genutzt und schließlich in die Stadtbefestigung einbezogen. Nach dem Zweiten Weltkrieg waren lediglich die unteren Fensterbögen der Apsiden und Mauerreste der oberen Bogenreihen erhalten. Zur 2000-Jahr-Feier Triers wurden diese Reste saniert, ergänzt, und man rekonstruierte die Ostapsis. Heute können Sie vor allem das Labyrinth der römischen Kellergänge bestaunen. Der große Platz für Sport und Spiel (Palaestra) dient inzwischen u. a. als Kulisse für das jährliche Römerspektakel ›Brot und Spiele‹.

Übrigens: Vom Aussichtspunkt des **Petrisbergs** 8 bietet sich ein herrlicher Blick auf die Römerbauten Triers.

Wo Gladiatoren kämpften

Auch das **Amphitheater** 7 Triers ›lebt‹ im 21. Jh.; z. B. während der Antikenfestspiele. Als Einziges in der römischen Welt entstand es im Wesentlichen durch eine Erdanschüttung und war in die Stadtmauer eingebunden. Rund um die ovale Arena hatten auf 26 steinbelegten Sitzreihen bis zu 20 000 Zuschauer Platz. Ein Rest der Eingangsfassade ist ebenso erhalten wie der Originalboden des Theaters. Im Keller sind noch die Holzbalken einer Kolbenpumpe zu sehen, die der Entwässerung diente.

Infos

Einzeleintritt sofern nicht anders angegeben 3 €, verbilligte Kombikarten 8 €.
Porta Nigra: April–Sept. tgl. 9–18, Okt./März 9–17, Nov.–Feb. 9–16 Uhr.
Palastaula: April–Okt. Mo–Sa 10–18, So 12–18, Nov.– März Di–Sa 11–12 und 15–16, So 12–13 Uhr, Eintritt frei.
Viehmarktthermen: Di–So 9–17 Uhr.
Barbarathermen: wegen Restaurierung bis auf Weiteres geschlossen.
Kaiserthermen: April–Sept. tgl. 9–18, Okt./März 9–17, Nov.–Febr. 9–16 Uhr.
Amphitheater: April–Sept. tgl. 9–18, Okt./März 9–17, Nov.–Feb. 9–16 Uhr.

Folgen Sie dem Zenturio!

Erlebnisführungen (www.erlebnisfuehrungen.de) zu verschiedenen römischen Stätten, z. B. mit einem Römer in Paraderüstung April–Okt. Fr 15, Sa 13.15 u. 15, So 11.30 u. 14 Uhr, Juli–Okt. auch Mi 15 Uhr, an Adventssamstagen sowie am 23. u. 30.12. 15 Uhr, 75 Min., 11,50 €. Unbedingt reservieren! Außerdem können Sie Trier aus der Sicht eines römisch-trierischen Patriziers erleben: Mai–Okt. Sa 12.30 Uhr, 2 Std., 4 €). Die Tourist-Information (s. S. 94) hat Details zum gesamten Programm.

Römisches Schlemmermahl

Auf römische Gerichte spezialisiert ist das Restaurant **Zum Domstein** 2, Am Hauptmarkt 5, Tel. 0651 744 90, www.domstein.de, tgl. geöffnet, Menü ab 16,50 €. Lassen Sie sich ein auf das kulinarische Abenteuer nach Marcus Gavius Apicius (ca. 30 n. Chr), z. B. in Form von Schinken mit Feigensauce, Weinbrötchen und Patina von Birnen.

Trier

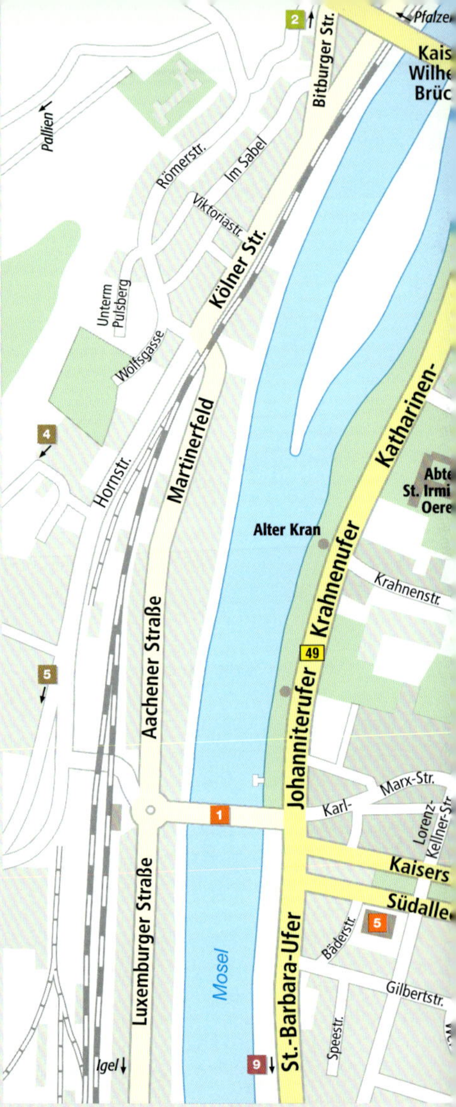

Sehenswert

1 Römerbrücke
2 Porta Nigra
3 Palastaula/ Basilika
4 Thermen am Viehmarkt
5 Barbarathermen
6 Kaiserthermen
7 Amphitheater
8 Petrisberg
9 Stadtmuseum Simeonstift
10 Dreikönigenhaus
11 Petrusbrunnen
12 St. Gangolf
13 Steipe
14 Rotes Haus
15 Frankenturm
16 Dom St. Peter
17 Liebfrauenkirche
18 Bischöfliches Dom- und Diözesanmuseum
19 Palais Kesselstatt
20 Kurfürstliches Palais
21 Rheinisches Landesmuseum
22 Karl-Marx-Haus

Übernachten

1 Mercure Hotel
2 Schroeders Zum Christophel
3 Warsberger Hof
4 Zur Schönen Aussicht
5 Eurener Hof
6 Villa Hügel

Essen und Trinken

1 Zurlaubener Uferpromenade
2 Zum Domstein
3 Weinstube Palais Kesselstatt
4 Hauptmanns Kaffee & Weingenuss
5 Cubikulum
6 Das Weinhaus
7 Brasserie
8 Becker's Restaurant
9 Restaurant Schloss Monaise

Ausgehen

1 Havanna
2 forum
3 Kulturzentrum Tuchfabrik
4 Toni
3 Funky L.A. Sky Lounge

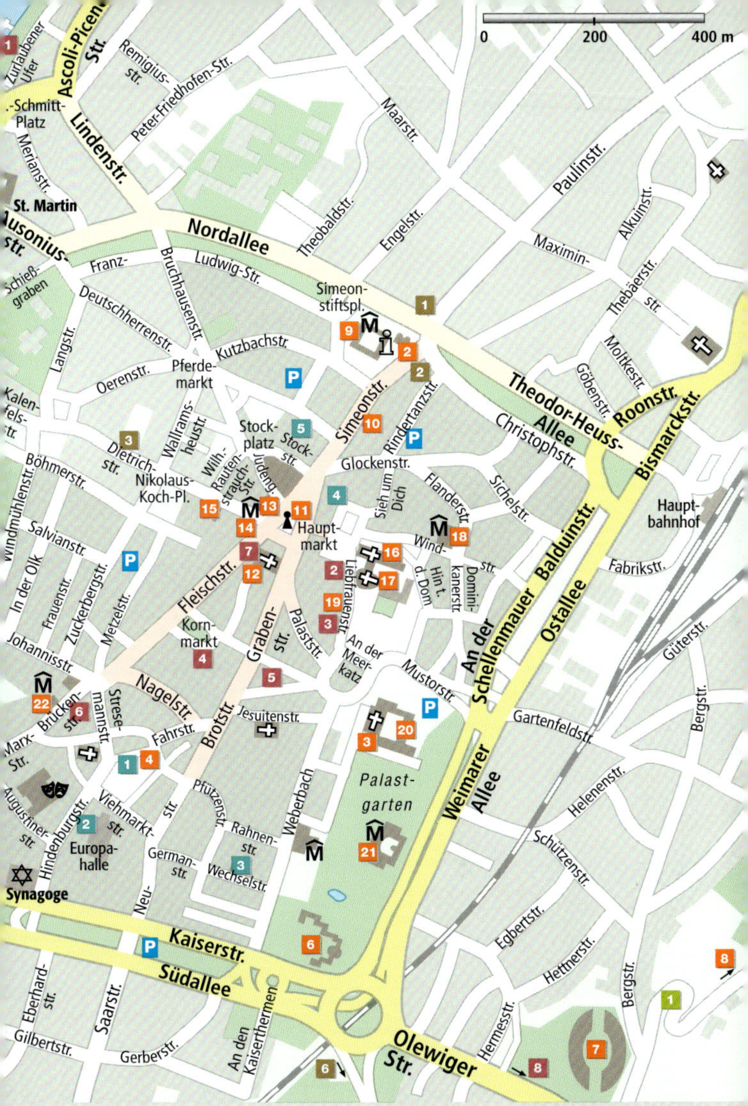

Sport und Aktivitäten

1 Weinlehrpfad Trier-Olewig

2 Naherholungsgebiet Weißhauswald

Gipfelfeeling – **Zur Schönen Aussicht 4**: Markusberg 32, Tel. 0651 82 72 60, www.hotel-zur-schoenen-aussicht-trier.de, DZ ab 60 €. 14 nette, einfache Zimmer oberhalb der Mariensäule, Ausflugsgaststätte.

Behaglich – **Eurener Hof 5**: Eurener Str. 171, Tel. 0651 824 00, www.eurener-hof.de, DZ 90–186 €. Einstiger Landgasthof, der inzwischen zum charmanten, detail- und variantenreich ausgestatteten Hotel avanciert ist.

Klassische Eleganz – **Villa Hügel 6**: Bernhardstr. 14, Tel. 0651 93 71 00, www.hotel-villa-huegel.de, DZ 128–188 €. Erweiterte Weinhändler-Jugendstilvilla (36 Zimmer) oberhalb der Kaiserthermen inmitten eines parkähnlichen Gartens. Neuer, modern designter Schwimmbad- und Saunabereich.

Essen und Trinken

Im Stadtteil Zurlauben lädt die **Uferpromenade 1** zum Speisen ein – mit mehr als 750 Sitzplätzen im Freien!

Römisch – **Zum Domstein 2**, am Hauptmarkt, s. S. 89.

Einfach – **Weinstube Palais Kesselstatt 3**: Liebfrauenstr. 10, Tel. 0651 411 78, www.weinstube-kesselstatt.de, tgl. 10–24 Uhr. Einfache kleine Gerichte wie Eifeler Schinken (8 €), Mannebacher Käse (7,50 €) und Salate (ab 4 €). Auch Tagesgerichte und -suppen.

Nicht nur für Offiziere – **Hauptmanns Kaffee & Weingenuss 4**: Kornmarkt 2, Tel. 0651 436 21 20, www.hauptmanns-trier.de, tgl. 10/11–1 Uhr. Speisen ab 8,90 €. Café, Bistro, Restaurant und Vinothek im ehemaligen französischen Kasino. Mediterrane und regionale Küche, eigener Kaffee.

Studentenkneipe – **Cubikulum 5**: Hosenstr. 2, Tel. 0651 451 27, tgl. ab 18 Uhr. Gewölbekeller, seit Jahren wegen seiner günstigen Preise beliebt. Einfache Kneipenkost von Auflauf bis Pizzasalat; Hauptgerichte ab 6 €.

Vinothek – **Das Weinhaus 6**: Brückenstr. 7, Tel. 0651 170 49 24, www.weinhaus-trier.de, tgl. ab 10/11 Uhr. Mehr als 500 Weine, meist aus der Region, und bodenständige Kost für ca. 4–8 € (Tafelspitz, Wurstsalat, Käseaus-

Im Angesicht der vier Kardinaltugenden – der Petrusbrunnen am Trierer Hauptmarkt

Dreij Trierer Mädercher

Jenny von Westphalen (Ehefrau von Karl Marx), Kaiserin Helena (Mutter von Konstantin dem Großen) und Adelheid von Besselich (Mäzenin des 16. Jh.) ist eine neue Stadtführung gewidmet. Sie wird von dem Trio in zeitgenössischer Gewandung wie ein Plauderstündchen untereinander inszeniert. Unterwegs probieren Sie Brot wie im Mittelalter, römische Süßigkeiten und ein Gläschen Wein oder Traubensaft. Infos unter Tel. 0651 979 07 90, 1 ½ Std., 8 €.

wahl), ergänzt durch Tagesgerichte. Viele offene Mosel-Saar-Ruwer-Weine.

Brauerei-Eleganz – **Brasserie** 7: Fleischstr. 12, Tel. 0651 97 80 00, www.brasserie-trier.de Mo–So 12–22 Uhr. Frisch gezapftes Bier und deutsche Küche sowie Gerichte mit französischem Touch – vom Trierer Teller (mit Bratwürstchen, Kasseler, Leberknödel, Sauerkraut und Kartoffelpüree, 13,50 €) bis zu Bretonischen Riesencrevetten (21 €).

Höchst kreativ – **Becker's Restaurant** 8: Olewiger Str. 206, Tel. 0651 93 80 80, www.beckers-trier.de, Di–So ab 19 Uhr, Menü ab 95 €. Junge Adresse mit fantasievollen Kreationen wie Gänseleber-Eis in der Pistazienkruste. Modernes Ambiente, Weinbar mit 60 offenen Kreszenzen, Hotel.

Große Küche – **Restaurant Schloss Monaise** 9: Ortsteil Zewen, Schloss Monaise 7, Tel. 0651 82 86 70, www.schloss-monaise.de, Mi–So 12–14 und 18–22 Uhr, Di ab 18 Uhr, Hauptgerichte im Restaurant ab 26 €, auf der Terrasse ab 16 €, Menü ab 68 €. Feine, aufs Wesentliche konzentrierte Gerichte wie Carpaccio vom Loup de mer in Koriander-Vinaigrette brachten Hubert Scheid 2010 im Gault Millaut 16 von 20 möglichen Punkten ein.

Einkaufen

Souvenirs – In der **Dom-Information**, **Liebfrauenstraße** und **Tourist-Information** finden Sie Trier-Souvenirs wie Domstein-Pralinen oder einen Porz, das spezielle Gefäß zum Trinken von Viez (Apfelmost).

Ausgehen

Viele In-Kneipen und Bars konzentrieren sich am Viehmarktplatz.

Late Night – **Havanna** 1: Viehmarktplatz 8, www.havanna-trier.com, Fr u. Sa 10–5 Uhr, sonst bis 2 od. 3 Uhr. Mischung aus Club, Lounge, Resto mit Cocktail-Clubbing und Themenpartys.

Logenplatz – **forum** 2: Hindenburgstr. 4, www.forum-trier.com. Angesagte, schöne Musik-Location mit Saal und zwei Logen. Verschiedene Stilrichtungen von tanzbaren Grooves bis zu aktuellen Hits. Zudem wechselnde Acts und Special-Events.

Verwobene Künste – **Kulturzentrum Tuchfabrik** 3: Wechselstr. 4, Tel. 0651 718 24 12, www.tufa-trier.de, Ausstellungen tgl. 10–17 Uhr, Konzerte und Theater ab 20 Uhr.

Walderdorffs inside – **Toni** 4: Domfreihof 1a, www.toni-trier.de. Von House bis R 'n' B plus aktuelle Charts, Tango-Abende und Ü30-Partys.

Domblick vom Liegestuhl – **Funky L.A. Sky Lounge** 5: Simeonstr. 46, auf der Dachterrasse von Karstadt, www.sky-lounge-trier.de, Mo–Do 12–23, Fr u. Sa bis 1, So 13–20 Uhr. Im Liegestuhl auf Kunstrasen und Palmen relaxen, grillen, Party machen und Livebands hören.

Fahrrad mit Gepäck parken

Triers Fußgängerzone ist bis 21 Uhr für Radfahrer tabu. Zum Parken der Drahtesel gibt es eine bewachte Fahrradtiefgarage neben der Porta Nigra (Mai–Okt. Mo–Sa 9–18, So 10–17 Uhr, 1 € pro Rad/Tag inkl. Satteltaschen, weiteres Gepäck 1 € pro Stück). Auf dem Messeparkgelände unterhalb der Konrad-Adenauer-Brücke sind verschließbare Fahrradboxen installiert (1 €, max. 48 Std).

Sport und Aktivitäten

Stadtführungen – Details zu allen Führungen bei der **Tourist-Information** (s. u.): z. B. ›Bänkelsänger-Rundgang‹ April–Okt. Do, Sa 19 Uhr, 2 Std. 9,50 €; Kindertour ›2000 Jahre – 4000 Schrittchen‹ (5–14 J.), Mai–Sept. Sa 15 Uhr (in den Sommerferien auch Fr), 2 Std., 4 €; Kostümspektakel ›Der Teufel in Trier‹, Mai–Okt. Fr 21 Uhr, 1 ¼ Std., 11,50 €, ›Dreij Trierer Mädercher‹ s. S. 93.

Rebkunde – **Weinlehrpfad Trier-Olewig 1:** beginnt nahe dem Amphitheaters. Interessantes rund um den Weinstock auf 1,6 km Länge.

Wandern und Klettern – **Naherholungsgebiet Weißhauswald 2:** Zu Fuß in ca. 30 Min. über die Kaiser-Wilhelm-Brücke zu erreichen, mit dem Auto über die Bitburger Straße. Fast 40 km Wanderwege, Hochseilgarten (www.palais-ev.de), Waldlehrpfad, Wildfreigehege und Kinderspielplatz.

Fifties-Feeling – Bei einer **Oldtimer-Fahrt** in einem Mercedes-Benz 219 Bj. 1958 können Sie zu zweit mit einem Gästeführer Trier erkunden; www.oldtimerfahrten-trier.de, Tel. 0171 190 65 31, 2 Std., 150 €. Auch Ausflüge in die Region (mind. 2 Std,. pro Std. 90 €).

In den Lüften – **Heißluftballonfahrt:** ab Schweich über Trier oder das Moseltal zu Sonnenauf- oder -untergang, Tel. 06502 990 80, www.ballonreisen-moselland.com, 170–230 € p. Pers.

Rundflüge: Tel. 0651 710 37 48, www.moselrundflug.de, 30 Min., 60 €. Stefan Scherf steuert seine Propellermaschine über Mittelmosel, Rhein und Eifel.

Paragliding: Schnupper-Tandemflug ab Startplatz Klüsserath, Tel. 06502 93 69 60 oder 06502 54 54.

Abschlag im Wingert – **Golfclub Trier:** Ensch-Birkenheck, Tel. 06507 99 32 55, www.golf-club-trier.de. Einen Weinberg und zwei Biotope umfasst dieser 18-Loch-Platz mit Golfschule.

Infos und Verkehr

Tourist-Information Trier: an der Porta Nigra, Tel. 0651 97 80 80, www.trier.de, März–Dez. Mo–Sa 9–18, So 10–17 (Mai–Okt.) bzw. 10–15 Uhr (März, April, Nov., Dez.), Jan./Feb. Mo–Sa 10–17, So 10–13 Uhr.

Züge: ICE-, Intercity- und Regionalexpress-Züge ab Hauptbahnhof nach Koblenz, Köln, Berlin, Luxemburg und Saarbrücken.

Termine

Altstadtfest: Ende Juni.

Jazz im Brunnenhof: Juli/Mitte Aug. Neben der Porta Nigra.

Moselfest: Anfang Juli. In Zurlauben.

Weinfest: Anfang Aug. In Olewig.

In der Umgebung

Die **Igeler Säule** (▶ C 6), ein Pfeilergrabmal aus dem frühen 3. Jh., zeigt in reichen, ursprünglich farbigen Reliefdarstellungen das Alltagsleben der Römer. Die 23 m hohe Säule aus rotem Sandstein stand wie andere Grabsäulen und -häuser einst an der Seite jener Straße, die von der römischen Siedlung zum Bestattungsplatz führte.

Konz ►C 6

Am Zusammenfluss von Mosel und Saar errichteten die Römer eine Sommerresidenz für ihren Kaiser. Bei einem Besuch schrieb der Dichter Ausonius hier an seiner »Mosella«. Auf den Resten der römischen Villa steht inzwischen die Pfarrkirche **St. Nikolaus**. Die mächtige **Kartause** (17. Jh.) beherbergt heute ein Kulturzentrum. Das ehemalige Hofgut der Benediktinerabtei St. Matthias in Trier vor den Toren von Konz fungiert heute unter dem Namen **Roscheiderhof** als Volkskunde- und Freilichtmuseum. Es zeigt Exponate zur ländlichen Alltagskultur und zum früheren Leben der Region Mosel-Saar. Auch eine Gutsschänke gehört dazu (Roscheiderhof 1, www.roscheiderhof.de, Di–Fr 9–18, Sa, So/Fei 10–18 Uhr, Nov.–März bis 17 Uhr).

Auf dem Metzenberg im nahen **Tawern** steht eine rekonstruierte römische Tempelanlage.

Nittel ►C 7

In der heute größten Weinbaugemeinde der Obermosel sind schöne, historische Winzerhöfe erhalten und die Pfarrkirche St. Martin aus der Zeit des Mittelalters, als der Ort dem Trierer Kloster St. Marien gehörte. Nittel war jedoch bereits von den Franken und Römern besiedelt. Letztere führten den Anbau der **Elblingtraube** an den Uferhängen ein, direkt 12| S. 96.

Palzem ►B 7

Der kleine ruhige Weinort – sein Name leitet sich her vom römischen *palatiolum*, kleiner Palast – zählt zu den ursprünglichsten seiner Art an der Mosel; seine Winzer gehören zum kleinen Kreis der Elbling-Spezialisten.

Die Römer bauten immer dort, wo es am schönsten war – hier die Tempelanlage von Tawern

12 | Natürlich frisch und spritzig – im Land der Elblingtraube

Karte: ▶ B/C 6–8 | **Start:** Trier | **Dauer:** Tagestour mit dem PKW, ca. 125 km

Seit mehr als 2000 Jahren wächst an der Mosel zwischen Trier und Perl eine besondere Rebe: der Elbling. Die aus seinen gelben und roten Trauben gewonnenen Weine eignen sich durch ihre natürliche Spritzigkeit und Frische hervorragend für die Sektherstellung.

Die Römer fanden in den Muschelkalkböden zwischen Saar und heutiger französischer Grenze und im dortigen Klima beste Voraussetzungen für den Anbau des Elbling. *Albus,* der Weiße, nannten sie ihn. Klöster und Stifte sorgten für seinen Fortbestand. Heute kultivieren nur noch Winzer an Obermosel und Sauer (auf ca. 1000 ha) diese alte Rebsorte. An der Luxemburger Mosel ging der Anbau von Elbling nach dem Ersten Weltkrieg deutlich zurück: Der neue Partner in der Wirtschaftsunion – Belgien – verlangte eher nach Pinot.

Jenseits von Trier

Die ersten Elbling-Stöcke auf deutschem Gebiet stehen bereits in der Umgebung von **Konz** 1 und jenseits der Saarmündung bei **Wasserliesch** 2. Auch in **Temmels** 3 und dem Bergbauort **Wellen** 4 verstecken sich auf den sanften Hängen hinter der Bahntrasse kleine Parzellen dieses Weins. Die größte Elbling-Anbaufläche besitzt indes das Örtchen **Nittel** 5: 30 ha. Insgesamt stehen rund 2 Mio. Weinstöcke in der von mächtigen Kalk- und Dolomitfelsen überragten Gemarkung. Hoch über dem Ort können Sie inmitten der Weinberge die barock ausgestattete Rochuskapelle entdecken.

Probe beim Baron

In **Rehlingen** 6 und **Wincheringen** 7, wo man noch den Turm und das Herrenhaus des einstigen Wasserschlosses sehen kann, bieten sich ebenfalls oben in den Rebhügeln herrliche

Ausblicke hinüber auf die steilen, dicht mit Weinstöcken bestandenen Luxemburger Uferhänge der Mosel.

In **Palzem** 8, das schon zur Römerzeit besiedelt war und eine eindrucksvolle doppeltürmige Dorfkirche besitzt, ist Baron von Hobe-Gelting zu Hause. Auf seinem **Weingut Schloss Thorn** aus dem 16. Jh. können Sie neben der größten erhaltenen Baumkelter verschiedene Elblingweine und -sekte probieren.

Über **Nennig** 9, wo Sie sich keinesfalls die größte jemals im Moselgebiet gefundene Römervilla mit ihrem exquisiten Mosaikfußboden (s. S. 103) entgehen lassen sollten, erreichen Sie **Perl** 10.

Am luxemburgischen Ufer

Eine Brücke führt hinüber nach **Schengen** 11, vor dessen Kulisse auf einem Moselschiff 1985 das gleichnamige Abkommen zum Wegfall der europäischen Grenzkontrollen unterzeichnet wurde. Nun ist die Luxemburger ›Waistroos‹ erreicht, die am Fluss entlang über **Remich** 12 (Weinmuseum) und **Wormeldange** 13 (mit 360 ha Rebflächen die größte Weinbaugemeinde Luxemburgs) bis **Wasserbillig** 14 führt. Hier geht es mit der Fähre über die Sauer wieder zurück nach Deutschland. **Langsur** 15, **Mesenich** 16 und **Metzdorf** 17 sind typische Winzerorte an der Sauer, in denen ebenfalls Elbling angebaut wird.

Infos

Moselfähre in Wasserbillig: Betrieb Mo–Fr 8–20, Sa und So/Fei 10–20 Uhr.

Elblingweinlehrpfad

Durch die Weinberge von Nittel führt der Elblingweinpfad. Er kann individuell begangen werden oder mit Führer (1 ½ Std., Gruppe ca. 30 €, Tel. 06501 601 80 40 oder 06581 99 59 80).

Degustationen

Weingut Apel: Weinstr. 26, Nittel, Tel. 06584 314, www.apel-weingut.de, Ende März–Nov. Empfehlenswert z. B. der Nitteler Rochusfels.

Weingut Matthias Dostert: Weinstr. 5, Nittel, Tel. 06584 914 50, www.weingut-matthias-dostert.de, Do–So ab 18 Uhr. Im Culinarium des Weinguts gibt es die passenden Speisen zu den Weinen, z. B. eine Elblingschaumsuppe.

Weingut Schloss Thorn: Tel. 0658 34 33, www.schloss-thorn.de. Mi–So 14–18 Uhr sowie auf Anfrage, ohne Anmeldung Mo–Fr 9–11 Uhr. Schlossführung (ab 10 Pers.) Fr 13.30 Uhr (bei gutem Wetter), 5 € inkl. 1 Glas Wein.

Saarburg ▶ C 7

Das Städtchen (ca. 6300 Einw.) liegt, eingebettet in Weinberge und Wälder, knapp ein Dutzend Kilometer westlich vom Moselörtchen Wincheringen, an den Ufern von Saar und Leuk. Die historische **Altstadt** (direkt 13 | ▶ S. 99) mit ihrem imposanten Wasserfall wird von der Burgruine dominiert und wirkt mit ihren reizvollen, von gut erhaltenen Bauwerken vorwiegend aus dem 17. und 18 Jh. gesäumten Plätzen und Gassen fast südländisch. Der Jachthafen an der Saar wird in der Saison von zahlreichen Sportbooten angelaufen.

Feste Saarburg

Anlage frei zugänglich

Wahrzeichen der Stadt ist die gleichnamige Burg, die Graf Siegfried von Luxemburg 964 auf einem Bergrücken hoch über der Saar erbauen ließ.

Laurentiuskirche

Kunohof 25, tgl. ab 8/9–18 Uhr

Wuchtig thront das aus der ehemaligen Sommerresidenz der Trierer Erzbischöfe hervorgegangene Gotteshaus aus dem 16. Jh. über den verschachtelten Altstadthäusern. Seine nachträglich angefügten Türme nehmen sich im Vergleich mit dem hohen Langhaus geradezu winzig aus. Das Innere birgt eine schöne, mehr als 400 Jahre alte geschnitzte Traubenmadonna.

Übernachten

Denkmalgeschützt – **Villa Keller:** Brückenstr. 1, Tel. 06581 929 10, www.villa-keller.de, DZ 95–120 €. Historisches Herrenhaus am Fluss mit 11 komfortablen Zimmern im historischen Stil. Großer Biergarten, nettes Wirtshaus.

Günstige Hochlage – **Jugendherberge:** Bottelter Str. 8, Tel. 06581 25 55, www.diejugendherbergen.de, ca. 100 Betten in Zwei- und Mehrbettzimmern, 14,40–17,90 €. Liegt auf einem Bergrücken hoch über dem Fluss.

Camping – **Waldfrieden:** Im Fichtenhain, Tel. 06581 22 55, www.camping waldfrieden.de, März–Okt., Stellplatz mit Strom für 2 Erw. 18,50 €, Trekkingzelt (ohne Strom) für 2 Erw. 12,50 €. Platz in ruhiger Waldrandlage, Fahrradverleih, beheiztes Freibad in 1 km Entfernung.

Essen und Trinken

Regionales – **Zunftstube:** Am Markt 11, Tel. 06581 918 70, www.restaurant-zunftstube.de, Do–Di 11.30–14 und 18–22 Uhr. Serviert wird Regionaltypisches überwiegend aus lokalen Produkten – vom Fisch über den Käse bis zum Wein. Hauptgerichte ab 10 €.

Anspruchsvoll – **Burgrestaurant Saarburg:** Auf dem Burgberg 1, Tel. 06581 92 09 45, www.burgrestaurant-saarburg.de, Mi–So 12–14 sowie ab 18 Uhr, Nov.–März nur abends. Hier kommt saisonorientierte feine Küche auf den Tisch, schöne Sommerterrasse. 3-Gänge-Menü ab 35 €.

Strudelpatent – **Petit Café:** Am Buttermarkt 24. Tel 06581 62 23, www.petitcafe.de, tgl. 9.30–18.30 Uhr, Nov.–April Mo geschl. Hélène Thibouts Strudelkreation mit verschiedenen Fruchtsaucen und Sahne hat es weltweit in die Schlagzeilen geschafft.

Einkaufen

Werkstattprojekt – **Hofgut Serrig:** Domänensiedlung, Serrig, Tel. 06581 914 50, www.hofgut-serrig.de. Kernstück dieser Heimstätte für Behinderte mit verschiedenen Werkstätten (darunter Korbflechterei, Weberei, Tonbrennerei) ist die Landwirtschaft mit ihrem biologischen Anbau verschiedener Obst- und Gemüsesorten und integrierter Tierhaltung.

▷ S. 102

13 | Klein-Venedig mit Fachwerk – Saarburgs Altstadt

Karte: ► C 6 | **Lage:** von Konz ca. 10 km, von Trier ca. 20 km entfernt

›Klein-Venedig‹ nennen die Saarburger in Anlehnung an einen Ausspruch des Berliner Baumeisters Schinkel gern ihr Städtchen, vor allem den mittelalterlich geprägten Kern mit Häuserzeilen, die auf Eichenpfählen ruhen. Dicht drängen sich in der Unterstadt die Fischer- und Gerberhäuser im Saarbogen, in der Oberstadt säumen prachtvolle Fachwerkhäuser und barocke Steinbauten die schmale Leuk.

Wohl schon Kelten und Römer lebten in dem Gebiet, wie frühe Funde belegen. Urkundlich erwähnt wird die Stadt aber erst 964. Ein Vertrag vom 17. September jenes Jahres dokumentiert, dass der Trierer Erzbischof Heinrich den von Saar und Leuk umflossenen Berg Churbelun an Graf Siegfried von Luxemburg veräußerte. Jener plante, auf dem Inselkopf eine große Höhenburg zu errichten.

Nach und nach entstanden auch außerhalb der Burgmauern erste Behausungen, und über die Jahrhunderte entwickelte sich die Siedlung am Fuße der Feste zu einem lebendigen Marktflecken. Plätze und Straßen mit Namen wie Buttermarkt, Fruchtmarkt oder Am (alten) Markt erinnern an diesen Abschnitt der Stadtgeschichte.

Mit Wasser zum Wohlstand

1291 verlieh König Rudolf von Habsburg Saarburg ebenso wie den Orten Wittlich, Bernkastel, Welschbillig, Mayen und Montabaur die Stadtrechte; wenig später erhielt der Ort ein eigenes Siegel. Um das Jahr 1500 zählte Saarburg bereits mehr als hundert Feuerstellen, ohne die des Adels und des Klerus mitgerechnet.

Schifffahrt, Flößerei und Fischerei, aber auch der Weinbau prägten in diesen frühen Zeiten das Saarburger Wirtschaftsleben. Später sorgten Gerbereien und Webereien für wachsenden Wohlstand. An einigen der farbenfroh getünchten Häuser der Altstadt finden Sie bis heute Hinweise auf den Berufsstand ihrer ehemaligen Besitzer. Wenn Sie gut hinschauen, entdecken Sie an den **Fassaden** nämlich nicht nur die Initialen des Erbauers (und oft auch seiner Ehefrau) sowie das Jahr der Fertigstellung des Bauwerks, sondern auch bildliche Symbole wie Fische, Anker, Bootshaken und Ruder – die Insignien all jener, die auf dem Wasser arbeiteten.

Doch nicht nur die Fluten der Saar wussten die Saarburger zu nutzen. Schon im 13. Jh. leiteten sie den Leukbach in ihre Stadt – um, wie es heißt, bei möglichen Bränden Löschwasser direkt in ihren Mauern zur Verfügung zu haben. Mit der Verlegung des Bachs schufen sie aber auch einen **Wasserfall** und machten sich dessen Kräfte untertan. Wassermühlen wurden gebaut und lieferten Energie, um Getreide, Öl oder Lohe zu mahlen. In einer Höhe von fast 20 Metern rauscht die Kaskade bis heute zwischen Fachwerkhäusern und Barockbauten zu Tale und bildet mit ihren Fluten, Wasserrädern und Mühlengebäuden eine der schönsten Ansichten der Stadt.

Kanonen und Glocken

Geschichte und Architektur der Stadt erfuhren vom 16. bis 19. Jh. kräftige Zäsuren. Eine Vielzahl von kriegerischen Auseinandersetzungen um den befestigten Bergrücken im Grenzgebiet zwischen den deutschen Fürstentümern und Frankreich, Luxemburg und Lothringen forderten ihren Tribut. So beschoss z. B. Franz von Sickingen 1522 im Zuge seiner Fehde gegen den Erzbischof von Trier die Feste Saarburg von der heute ›Franzen Knüppchen‹ genannten Stellung. Mit einem meist aus angeworbenen Landsknechten bestehenden Heer zog der Reichsritter damals gegen den Kurfürsten. Seine Belagerung von Trier scheiterte allerdings.

Altes Handwerk, heute Museum – die frühere Glockengießerei Mabilon

Gut hundert Jahre später wütete die Pest in Saarburg und die Feste wurde während der Raubkriege Ludwigs XIV. weitgehend zerstört. Die Stadt wechselte in der Folge ständig im Besitz zwischen Habsburgern und Franzosen. Kurfürst Karl Kasper von der Leyen ließ im 17. Jh. die Stadtmauer erneuern; ein Jahrhundert später siedelte sich der Glockengießer Urbanus Mabilon innerhalb der neuen Umfriedung an und gründete eine feste **Gießstätte** 1 (nachdem die Familie ihr Handwerk fast 200 Jahre vor den jeweiligen Kirchen ausgeübt hatte, da ein Transport der schweren Geläute über weite Strecken unmöglich war).

Eine Burg für 325 Taler

Um die Burg indes kümmerte sich niemand; ihre Reste verfielen mehr und mehr. Als mit dem 19. Jh. ein romantisches Interesse an der mittelalterlichen Vergangenheit erwachte, kaufte Saarburg 1860 die **Ruine auf dem Burgberg** 2 für 325 Taler. Heute ist sie das Wahrzeichen der Stadt. Auch von der alten Stadtbefestigung sind noch Reste erhalten (Kunoturm, Kautenturm).

Auf steilen Wegen und über 107 Treppenstufen geht es von der Unterstadt hinauf zur Ruine der alten Saarburg. Von ihrer Aussichtsplattform bieten sich Ihnen imposante Ausblicke, vor allem auf die weiträumige Flusslandschaft, den Ortsteil Beurig und die Altstadt. Auf dem Rückweg bergab kommen Sie am **Haus Warsberg** 3 vorbei, dem alten Edelhof der Freiherren von Warsberg und ehemaligen Dienstsitz der kurfürstlichen Verwaltung. Heute ist hier die Gemeindeverwaltung untergebracht.

Infos

In der ehemaligen Kurfürstlichen Mühle ist heute das **Amüseum** 4 u.a. mit dem Städtischen Museum für traditionelle Handwerksberufe und Zünfte untergebracht. Am Markt 24, Tel. 06581 99 46 42, So–Fr 11–16 Uhr, 3 €.

Original erhalten sind Teile der **Hackenberger Mühle** 5, Staden 6, April–Okt. Mo–Fr 14–17, Sa und So 11–17 Uhr, 2 €.

In der **Glockengießerei Mabilon** wurden bis 2002 noch Glocken gegossen; heute ist die Gießstätte Museum. Staden 130, Tel. 06581 23 36, tgl. 10–16 Uhr, Führung auf Anfrage.

Quartier in der Altstadt

Rokokohaus am Wasserfall 1**:** Am Markt 21, Tel. 06581 995 94 90, www.rokokohaus-am-wasserfall.de, 89–125 €. Historisches Baudenkmal mit drei exquisiten Wohnungen und hübsch begrüntem, kleinem Hof.

Schmausen im Gewölbe

Wirtshaus Zum Pferdemarkt 1**:** Pferdemarkt 3, Tel. 06581 99 39 13, www.wirtshaus-zum-pferdemarkt.de, tgl. 17.30–21.30, So–Mi auch 11.30–14 Uhr, in der Nebensaison Do Ruhetag. Saisonales von deutsch bis international in der gemütlichen Hoteltaverne oder im Gewölbekeller, z. B. Tagessuppe mit Hauptgang 8 €, Bachsaibling aus dem Leuchbachtal 17,80 €.

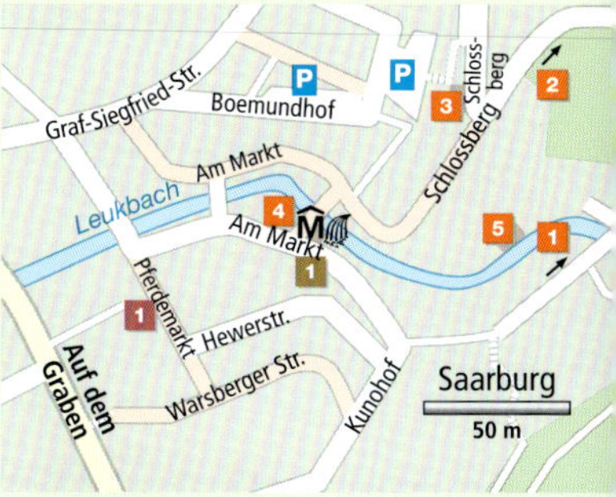

Die Erzeugnisse können im Hofladen erworben werden. Zum Gut gehört außerdem der Apfellehrpfad (1,5 km, 1 Std.), auf dem 200 verschiedene heimische Sorten gepflanzt sind.

Sport und Aktivitäten

Rodelspaß – **Sommerrodelbahn:** oberhalb des Aussichtspunkts am Dachswald, zu dem vom Burgberg eine Sesselbahn führt (es werden auch Fahrräder transportiert!), Tel. 06581 99 66 70, www.sommerrodelbahn-saarburg.de, April–Juni tgl. 11–18, Juli und Aug. tgl. 11–21, Sept.–Okt. tgl. 11–18 Uhr, außerhalb der Ferienzeiten Mo geschl., Nov.–März nur So bei schönem Wetter 12–17 Uhr, Einzelfahrt 2 €, Zehnerkarte 16 €.

Abheben – **Drachenflieger Club Saar:** Tel. 06838 805 08; ›Schöne Aussicht‹, Tel. 06502 30 60. Startplatz für ein Drachenflugabenteuer ist die ›Schöne Aussicht‹ in Serrig. Von der Ortsmitte die Landstraße bergauf in Richtung Greimerath bis zum Wanderparkplatz auf der linken Seite. Das Fluggelände Serrig zählt mit zu den schönsten nördlich der Alpen.

Mit dem Paddel unterwegs – **Kanuverleih** im Wassersportzentrum Fun Beach, Schoden (direkt am Saarufer), Tel. 0172 689 71 87 oder 06581 929 50, www.kanuverleih.bues-trier.de, 2er-Kajak 12 € pro Std.

Flussfahrten – **Saar-Personenschifffahrt:** Tel. 06581 991 88 und 06581 99 46 42, www.saarflotte.de. Ab dem Schiffsanleger nördlich der Altstadtbrücke am rechten Saarufer, Schiffsausflüge auf Saar und Mosel.

Auf Rollen den Fluss entlang – Ein Parcours für **Skater** folgt zwischen Wiltingen und Saarburg dem Lauf der Saar. Saarbrücke Wiltingen – linkes Saarufer – Auwehr Schoden – rechtes Saarufer – Saarburg – Staustufe Serrig – Mettlach – Staustufe Kanzem – linkes Saarufer – Biebelhausen – Saarburg.

Natur zum Staunen – **Greifvogelpark:** Am Engelbach 1, Tel. 06581 99 60 94, www.greifvogelpark-saarburg.de, Ostern–Nov. 10–18 Uhr, Flugvorführungen tgl. 11 u. 15 Uhr, 4,50 €. Gezeigt werden u. a. Falken, Milane, Eulen und Bussarde. Gaststätte Falkental mit Biergarten.

Infos und Termine

Tourismus- und Kulturmarketing: Am Markt 29 (im Amüseum), Tel. 06581 99 46 42, www.saarburg.eu, So–Fr 11–16 Uhr.

Saar-Obermosel Touristik: Graf-Siegfried-Str. 32, Tel. 06581 99 59 89, www.saar-obermosel.de, April–Okt. Mo–Fr 9–18, ab Mai auch Sa 10–14, Nov.–März 9–17 Uhr.

Open Air Konzerte auf der Burg: Juli.

Saarweinfest: Anfang Sept.

Mittelalterliches Stadtfest: Ende Sept.

Perl ▶ B 8

Von den 14 Stadtteilen dieser einzigen saarländischen Weinbaugemeinde an der Mosel ist vor allem **Nennig** wegen des größten und besterhaltenen römische Fußbodenmosaiks jenseits der Alpen berühmt, direkt 14| ▶ S. 103.

In **Borg** ermöglicht es Ihnen die rekonstruierte römische Villa, in das Alltagsleben der Antike einzutauchen (s. S. 105). Dort können Sie auch die römische Gartenanlage besuchen. Sie ist Teil des internationalen Projekts ›Gärten ohne Grenzen‹ (www.gaerten-ohne-grenzen.de), zu dem in der Gemeinde der Renaissancegarten in Nennig, der Barockgarten in Perl und die römische Gartenanlage der Villa Borg gehören.

14 | Teppich aus Steinen – das Römermosaik von Nennig

Karte: ► B 8 | **Lage:** Nennig ca. 20 km südöstlich von Saarburg, Perl ca. 25 km

Der im 19. Jh. bei Ausgrabungen gefundene Bilder-Fußboden schmückte einst die Empfangshalle einer Portikusvilla, die an Umfang und Ausstattung so ziemlich alles übertrifft, was man im Moselraum an römischen Anwesen bislang gefunden hat. Die rund 15 x 10 m messende ornamentale Fläche gilt als das größte und besterhaltene antike Mosaik nördlich der Alpen.

Der Mann aus Bordeaux zeigte sich beeindruckt. Denn als er, bereits reich an Jahren und im römischen Imperium aufgestiegen zum wichtigen Staatsbeamten, Lehrer und Dichter (er unterrichtete in Trier Gaian, den ältesten Sohn von Kaiser Valentinian I.) anno 368 das Moseltal bereiste, bot sich ihm folgendes Bild: »Von oben, gleichsam am Felshang schwebend, schauten in langer Reihe Landhäuser mit ragendem Giebel die blauen Fluten hinab.« Außerdem, so berichtet der Weitgereiste mit Namen Decimus Magnus Ausonius weiter, seien die Ufer des Stromes abwechselnd von Palästen geschmückt gewesen. Lesen Sie die ausführliche Beschreibung in seinem »Mosella«-Gedicht.

Bei aller poetischen Verklärung – übertrieben hat Ausonius wohl nicht. Tatsächlich lagen an der Mosel ja nicht nur die kaiserlichen römischen Sommerresidenzen Pfalzel und Konz. Auch im weiteren Umland des antiken Augusta Treverorum standen, wie archäologische Forschungen ergaben, zahlreiche Landvillen *(villa rustica)*, deren Ausmaße jene eines üblichen Gutshofes bei Weitem übertrafen.

Theatralische Medaillons

Eine solche Villa, erbaut wohl zwischen dem 1. und 4. Jh., wie Münzfunde, Fibeln und Keramik nahelegen, wurde 1852 in **Perl** entdeckt, ganz zufällig, bei

Erdarbeiten. Wesentliche Teile des Anwesens gruben Forscher bis 1872 aus, darunter das großartige **Fußbodenmosaik** 1. Der prachtvolle Steinteppich aus dem 3. Jh. ist nahezu unversehrt: Von seinen einst acht Medaillons haben sieben die Zeiten überdauert. Ihre figürlichen Darstellungen zeigen das vielfältige Geschehen in einem Amphitheater. Zu sehen sind Gladiatoren und Tierkampfszenen; auch Musiker haben die Mosaikleger dargestellt. Die Instrumentalisten sollten mit ihrem Spiel dem Publikum wohl die Pausen zwischen den Auftritten verkürzen oder diese entsprechend untermalen.

Eindrucksvoll am Fundort

Das rund 160 m² große, 1960 restaurierte Meisterwerk römischer Steinsetzerkunst ist direkt am Fundort erhalten. Ein Schutzbau aus dem 19. Jh. macht es Besuchern zugänglich. Rechts und links der schützenden Hülle sind die Grundmauern von Teilen des Herrenhauses zu besichtigen, darunter die Säulenstümpfe eines Peristyls. Aufgrund der Ausdehnung der Nenniger Villenanlage – zwischen 120 und 140 m in der Breite maß allein der Hauptbau mit seiner zweifach gegliederten, der Mosel zugewandten Säulenfront; das abseits errichtete Bad hatte eine Grundfläche von fast 500 m² und war mit dem Wohngebäude durch einen rund 250 m langen, überdachten Wandelgang verbunden – gingen Wissenschaftler lange Zeit davon aus, dass es sich um einen reinen Luxus- und Repräsentationsbau *(pars domestica)* handelte. Erst als in den späten 1990er-Jahren moselwärts ein Neubaugebiet erschlossen wurde und erneut Erdarbeiten nötig waren, kam der Beweis zutage, dass zu dem Anwesen auch ein Gutshof gehört hatte.

Luxuriös und landwirtschaftlich

Drei Gebäude konnten zu beiden Seiten eines riesigen, lang gestreckten Hofareals bereits verortet werden; weitere dürften, so wird vermutet, noch unerkannt im Boden stecken. Doch schon mit dem gefundenen Trio war klar, dass

Römisches Bad gefällig? Die Villa Borg macht's möglich

in Nennig einst eine Axialhofvilla stand, gegliedert in einen repräsentativen Wohnbereich *(pars urbana)* und einen Ökonomiebereich *(pars rustica)*, durch den eine breite, gepflasterte Fahrstraße von der knapp 2 km entfernten Mosel auf das Herrenhaus zuführte. Somit stellt die Villa Perl das größte bekannte Römerlandhaus des Moselgebietes dar; ein Teil des Areals ist allerdings seit 1999 modern überbaut.

Eingeebnet wurde auch einer der Grabhügel der Domäne; jener moselwärts vor dem Badegebäude der Villa ist jedoch erhalten und unterstreicht den Wohlstand und die herausgehobene gesellschaftliche Stellung des ehemaligen Besitzers der Villa.

Übrigens: In der nahen Villa Borg können Sie römische Badekultur erleben und für 3–4 Std. exklusiv ein umfassendes antikes Badeerlebnis buchen; pro Gruppe (bis 16 Pers.) 900 €.

Ausgrabungen in den 1980er-Jahren erbrachten am Fuß des Grabhügels eine mannshohe Ringmauer von fast 45 m Durchmesser und den Nachweis, dass das Grabmal von einem 94 x 100 m messenden Mauergeviert umgeben war. Nach Abschluss der Grabungen wurde der Hügel wieder aufgeschüttet und ein Teil der Ringmauer rekonstruiert.

Infos

Römische Villa Nennig Stiftung Saarländischer Kulturbesitz 1: Römerstr. 11, Perl-Nennig, Tel. 06866 13 29, März Di–So 9–12 u. 13–16.30, April–Sept. Di–So 8.30–12 u. 13–18, Okt./Nov. Di–So 9–12 u. 13–16.30 Uhr, 1,50 €.

Noch mehr Römisches

Wer genau wissen will, wie es zuging in einer römischen ›Villa rustica‹, wird fündig im Ortsteil **Perl-Borg**. Dort wird nicht nur seit mehr als zwanzig Jahren eine römische Villa wissenschaftlich ausgegraben, sondern man hat auch beschlossen, den gesamten Gutsbezirk gemäß den archäologischen Ergebnissen und dem aktuellen Forschungsstand zu rekonstruieren und somit wieder auferstehen zu lassen. So können Sie in der Villa Borg in originalgetreuen Wandelhalle flanieren, eine römische Küche und sechs römische Gärten bewundern, in der Taverne römische Gerichte kosten und römische Badekultur erleben.

Archäologiepark Römische Villa Borg 2: Im Meeswald 1, Perl-Borg, Tel. 06865 911 70, www.villa-borg.de, Feb.–23. Dez. Di–So 11 bis 16 Uhr, April–Okt. bis 18 Uhr, 4 €.

Luxus von heute

Zeitgenössischen Luxus, auch in Gestalt eines großen Wellnessbereichs und Michelin-besternten Gourmetrestaurants, bietet **Victor's Residenz-Hotel Schloss Berg 1**, Schlossstr. 27-29, Perl-Nennig, Tel. 06866 790, www.schlossberg-nennig.de.

Luxemburg

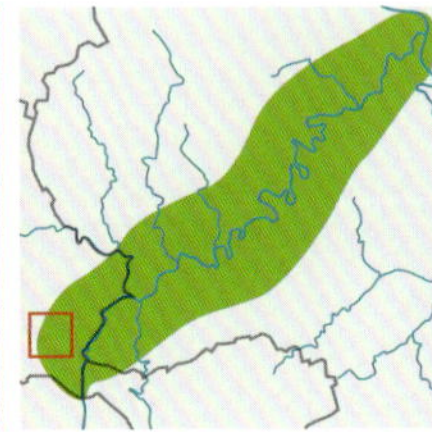

Luxemburg

► A 7, Cityplan S. 112

»Mer welle bleiwe, wat mer sin« steht auf einem schönen Erker in einer der verwinkelten Luxemburger Altstadtgassen zu lesen. Bei aller Beharrlichkeit hat sich das im Jahr 963 gegründete Städtchen zwischen den Tälern von Alzette und Pétrusse jedoch stark in Richtung Zukunft orientiert: mit interaktiven Museen, neuen futuristischen Stadtteilen und einem umfangreichen Kulturangebot. Zudem ist das Großherzogtum Luxemburg mit seinem Ausländeranteil von fast 40 % wohl der internationalste Staat Europas. Das spürt man vor allem in der quirligen Metropole mit ihren rund 90 000 Einwohnern. Sie ist eine der drei EU-Hauptstädte – und wie das Staatsgebiet Fremden seit Langem gewohnt: Erst 1867 wurde Luxemburgs Souveränität nach einer langen, wechselvollen Geschichte besiegelt (s. auch direkt 15 | S. 108, Cityplan 1 – 3).

Cathédrale Notre-Dame 4

rue Notre-Dame, www.cathedrale.lu, tgl. geöffnet, Eintritt frei

Die drei schlanken Türme der Liebfrauenkathedrale prägen die Silhouette des Zentrums. Der lichtdurchflutete Kirchenbau mit herrlicher Renaissanceempore ist das Wahrzeichen der Stadt.

Modernes vor historischer Kulisse zeigt das Musée d'Art Moderne

Rund um den Marché-aux-Poissons 5

Im malerischen Gewirr der Altstadtgassen bildet der Marché-aux-Poissons (Fischmarkt). Hier befindet sich das **Musée National d'Histoire et d'Art** 6, das eine traditionelle Sammlung zur Geschichte und Kultur Luxemburgs, im Untergeschoss außerdem archäologische Exponate zeigt (www.mnha.lu, Di–So 10–18, Do bis 20 Uhr, Abteilung Kunsthandwerk und Volkskunst nur 14–16.45 Uhr, 5 €, Do ab 17 Uhr kostenlos).

Nur ein paar Schritte entfernt steht der Großherzogliche Palast, das **Palais Grand-Ducal** 7 (17, rue du Marché-aux-Herbes, Mitte Juli–Ende Aug. tgl. Do–Di, Führungen auf Deutsch 14 und 16, Sa zusätzlich 11 Uhr, 7 €).

Musée d'Histoire de la Ville de Luxembourg 8

14, rue du St. Esprit, www.musee-hist.lu, Di–So 10–18, Do bis 20 Uhr, 5 €, Do ab 18 Uhr kostenlos

1000 Jahre Stadtgeschichte in einem schönen Patriziergebäude mit modernster Technik aufbereitet.

Villa Vauban – Musée d'Art de la Ville de Luxembourg 9

18, av. Emile Reuter, www.villavauban.lu, Mi–Mo 10–18, Fr bis 21 Uhr, 5 €

Hier ist Kunst aus dem 17. bis 19. Jahrhundert in 17 Sälen ausgestellt– der moderne Anbau des restaurierten klassischen Gebäudes wurde erst 2010 eröffnet. Es gibt auch ein Kinderatelier.

Ehemalige Abtei Neumünster/ Natur Musée 10

Museum: 25, rue Munster, Di–So 10–18 Uhr, www.mnhn.lu, 4,50 €

Zu Füßen des Plateau du Rham mit seinen Türmen und Kasernen liegt am rechten Ufer der Alzette die ehemalige Abtei Neumünster, heute Natur Musée, mit lebendigen, interaktiven Ausstellungen zur Naturgeschichte. Empfehlenswert auch für Kids.

Tal der Alzette 11

Dörfliche Atmosphäre erwartet den Besucher im Alzette-Tal, wo früher die Festungsbauer, Müller, Färber und Wollschläger wohnten und sich heute eine schicke Kneipen- und Wohnszene etabliert. Das Mikroklima des Tals lässt Artischocken, Zucchini, Oliven- und Feigenbäume gedeihen.

Musée d'Art Moderne (MUDAM) 12

Park Dräi Eechelen, www.mudam.lu, Mi–Fr 11–20, Sa–Mo 11–18 Uhr, 5 €

Zeitgenössische Kunst auf drei Etagen am historischen Fort Thüngen. Der Museumsbau wurde gestaltet von dem Louvre-Pyramiden-Architekten I. M. Pei.

Übernachten

Kunstgalerie – **Hotel Simoncini** 1: 6, rue Notre-Dame, Tel. 22 28 44, www.hotelsimoncini.lu, DZ 120–180 €. Zentral gelegenes 3-Sterne-Haus (36 Zimmer) in einem markanten Eck-Neubau mit innovativem Design und großer Sammlung zeitgenössischer Kunst.

Nicht nur für Jugendliche – **Jugendherberge** 2: 2, rue du Fort Olisy, Tel. (+352) 22 68 89 20, http://youthhostels. lu, Preise ab 20 €. 274 Betten, auch in EZ und DZ.

Moderner Luxus – **Le Grand Ducal** 3: 40, bd. d'Avranches, Tel. (+352) 24 87 71, www.accorhotels.com, DZ ab 124 €. 128 großzügige Zimmer in kühler Moderne, laufnah zur Innenstadt. Roof-Top-Restaurant und coole New-Wave-Bar mit tollem Ausblick.

Old England trifft 21. Jh. – **Albert I** 4: 2a, rue Albert 1er, Tel. (+352) 442 44 21, www.hotelalbertpre ▷ S. 111

15 | Labyrinth im Fels – die Kasematten Luxemburgs

Karte: ▶ A 7 | **Cityplan:** S. 112

Durchlöchert wie ein Schweizer Käse sind jene Felsen, die die Keimzelle des kleinen Großherzogtums Luxemburg bilden: Unterirdische Festungsanlagen durchziehen sie auf mehreren Ebenen. Nachdem die Kasematten 2009 wegen Renovierung geschlossen waren, kann man sie nun wieder besichtigen.

Der **Bockfelsen** gilt als die Wiege von Luxemburg. Durch ein Tauschgeschäft mit der Trierer Abtei St. Maximin erwarb im Jahre 963 Graf Siegfried I. den rund 280 m hohen, auf drei Seiten von dem Flüsschen Alzette umgebenen und somit leicht zu verteidigenden Sporn. In der Urkunde, die das Grundstücksgeschäft dokumentiert (Siegfrieds Gegengabe waren Ländereien in Feulen bei Ettelbrück) ist nicht nur der Fels, sondern auch ein *castellum* erwähnt (»… Castellum quod dicitur Lucilinburhuc«). Außerdem ist von einem *munitio* (Erdwall) und von *trunci* (Palisaden) die Rede. Historiker gingen daher bis ins 20. Jh. davon aus, dass der Graf des Moselgaus und Vogt des Klosters Echternach sowie der Reichsabtei St. Maximin eine mehr oder weniger vollwertige Wehranlage erstanden hätte. Wer sie erbaut haben sollte und wo genau sie lag, blieb allerdings im Dunkeln.

Die Römer und Graf Siegfried

Erst archäologische Funde der frühen 1990er-Jahre lieferten den Beweis, dass gegen Ende des 3. Jh. eine militärische Anlage römischen Ursprungs auf dem Bockfelsen stand – was nicht verwunderlich ist, denn schließlich verlief durch die heutige Stadt Luxemburg der Römerweg von Reims nach Trier. Zwischen dem 4. und 6. Jh. bauten die Römer ihr Castellum aus und brachten in ihm eine Garnison unter. Graf Siegfried ließ seine Burg in den Resten der römischen

Anlage errichten; er starb 998 und wurde wunschgemäß in der Klosterkirche von St. Maximin begraben. Seine Burg wurde erst Mitte des 15. Jh. durch einen Brand zerstört.

Schon damals spielte das direkt an der französischen und der deutschen Grenze gelegene Luxemburg eine wichtige Rolle in der internationalen Politik und wies im Westen der heutigen Hauptstadt ringförmige Verteidigungsmauern auf. Trotzdem gelang es den Burgundern 1443 den ›kleinen Felsen‹ zu erobern. Insgesamt sechs Mächte besetzten in den folgenden 400 Jahren die Festung, bauten sie aus und passten sie parallel zur technischen Entwicklung der Waffen den neuen Bedingungen an. Letztlich umfassten die Verteidigungsanlagen Luxemburgs drei Befestigungswälle mit 24 Forts, 16 zusätzliche Befestigungsbauten und ein Kasemattennetz von 23 km Länge.

Vaubans Ausbaupläne

Die ersten dieser unterirdischen Galerien entstanden bereits 1644, zur Zeit der spanischen Fremdherrschaft. Der eigentliche Ausbau der Kasematten erfolgte allerdings erst vierzig Jahre später durch den französischen Militäringenieur und Festungsbauer Vauban und im 18. Jh. durch die Österreicher. Die aus dem Fels geschlagenen Befestigungsgänge waren auf verschiedenen Ebenen angelegt, teilweise mit Schießscharten ausgestattet und reichten bis in 40 m Tiefe hinab. Tausende von Soldaten, Pferden und Dutzende wichtiger Handwerksbetriebe waren darin untergebracht.

Als Luxemburg im Londoner Vertrag vom 11. Mai 1867 zum neutralen Staat erklärt wurde, bedeutete dies auch die Schleifung der Festungsanlagen. Ihre unterirdischen Gänge wären allerdings nur mit einer Sprengung zu zerstören gewesen, was wohl zum Einsturz vieler Häuser in der Umgebung geführt hätte (von denen manche bis heute einen eigenen Zugang zu den Kasematten haben). Deshalb blieben die Befestigungsgänge erhalten. Im Zweiten Weltkrieg dienten sie rund 35 000 Menschen als Bombenschutzkeller.

Heute können von den ursprünglich 23 km des Gänge-Labyrinths nur noch 17 km besichtigt werden. Denn einige der unterirdischen Galerien wurden zerstört durch Tiefgaragen-, Keller-, und Museumsbauten. Der verbliebene nicht öffentliche Teil der Kassematten wird u. a. genutzt als Tresorräume der Sparkasse bzw. der Zentralbank.

Übrigens: Von den Überresten der alten **Lützelburg** auf dem Bockfelsen bietet sich der beste Blick auf den historischen Stadtkern. Der direkt am Fels verlaufende **Chemin de la Corniche** erfüllt quasi die Funktion einer lang gezogenen Aussichtsterrasse. Bei gutem Wetter schaut man bis zum Europazentrum auf dem Kirchberg.

Modernes Weltkulturerbe

1994 erklärte die UNESCO die Altstadt Luxemburgs inklusive ihrer Kasematten zum Weltkulturerbe. Ab Ende 2008 wurde die unterirdische Festungsanlage, die jährlich bis zu 100 000 Besucher anlockt, geschlossen, um sie in monatelanger Arbeit den technischen Besucheranforderungen des 21. Jh. anzupassen: Mehr als 25 km Stromkabel gewährleisten nun eine bessere Beleuchtung; neue Geländer machen die Begehung der sich in den Fels schlingenden Wendeltreppen sicherer; das neue Notbeleuchtungssystem auf dem Boden funktioniert nach einem Stromausfall noch drei Stunden. Sechs Notrufsäulen stehen zur Verfügung; die Notausgänge werden aus der Ferne überwacht – und dank neuer ›Hot-City-Antennen‹ kann man inzwischen sogar im Bauch des Felsens drahtlos im Internet surfen. Besichtigen können Sie neben zahlreichen Kanonen u. a. die Behausung eines Offiziers. Alle notwendigen Erläuterungen liefert ein modernes Audioguide-System.

Infos

Bock-Kasematten 1: Montée de Clausen (Eingang neben dem Festungsturm ›Hohler Zahn‹), März–Okt. tgl. 10–17 Uhr, 3 €, Kinder 2,50 €. Geführte Besichtigungen auf Anfrage über das ONT (s. S. 115), Tel. 47 96 27 09. Ansonsten gibt das City Tourist Office (s. S. 115) eine Broschüre heraus für die Besichtigung auf eigene Faust.

Pétrusse-Kasematten 2: pl. de la Constitution, Juli–Sept. sowie Ostern und Pfingsten tgl. 11–16 Uhr, 3 €, Kinder 2,50 €.

Sehenswertes um die Ecke

Nur wenige Minuten sind es zur **St.-Michael-Kirche** 3, die auf den Resten der Lützelburg-Kapelle von 987 errichtet wurde. Sein heutiges Gesicht erhielt dieses älteste sakrale Bauwerk der Stadt im 17. Jh.; es sind jedoch noch romanische und gotische Elemente erhalten.

Kasematten-Theater

Ab 1965 organisierte das ein Jahr zuvor gegründete avantgardistische Kasematten-Theater regelmäßig ein Bühnenfestival in der Festungsanlage. Inzwischen ist es jedoch umgezogen in Räumlichkeiten etwa 30 Spazierminuten südlich des Bockfelsens und gastiert nur noch selten auf der Burg. Kontakt: 14, rue du Puits, Luxembourg-Bonnevoie, Tel. 29 12 81, www.kasemattentheater.lu.

Vom Bockfelsen hat man einen herrlichen Blick auf die Alzette und die Stadt

mier.lu, DZ 105–380 €. Elegantes Boutiquehotel mit Hamam und 40 Zimmern, meist in zeitgenössischem Design, einige altenglisch angehaucht.
Gutes Frühstück – **Hôtel Le Châtelet** **5**: 2, bd. de la Pétrusse, Tel. (+352) 40 21 01, www.chatelet.lu, DZ 105–120 €. Helles Holz in allen 40 Zimmern/ Mehrbett-Apartments, außerdem eine Sauna sowie viel Hausgemachtes zum Start in den Tag.
Preiswert – **Hotel Pax** **6**: 121, rte. de Thionville, Tel. (+352) 48 25 63, www.hotelpax.lu, DZ 70–80 €. Charmantes B&B mit 15 Zimmern in den Obergeschossen eines Restaurants ca. 1,5 km südlich des Hauptbahnhofs.

Essen und Trinken

Sterne-Salon – **Le Bouquet Garni** **1**: 32, rue de l'Eau, Tel. 26 20 06 20, www.lebouquetgarni.lu, Mi–So. Thierry Duhr verwöhnt den Gaumen auf höchstem Niveau in der 1. Etage eines Hauses aus dem 18. Jh. Mittagsmenü 38 €, Gourmetabend (5 Gänge) 85 €.
Trendig-elegant – **Apoteca** **2**: 12, rue de la Boucherie, Tel. 267 37 71, www.apoteca.lu, tgl. geöffnet, Gerichte ab 13,80 €. Luxemburger Spezialitäten verwandelt in moderne Foodkreationen. Modern-historisches Ambiente, Weinkeller zur Selbstbedienung. Bar. Mi, Do und Wochenende ab 24 Uhr mit DJ.
F(r)isch und Regional – **Den neie Breedewee** **3**: 9, rue Large, Tel. 26 26 26 64, www.alexandrebourgeois.lu, Mo–Sa, Hauptgerichte ab 21 €. Luxemburger Rind, Echzeller Gemüse – und das, was der Atlantik hergibt. Der Maître ist schließlich Bretone.
Französisch bio – **Brasserie Speltz** **4**: 8, rue Chimay, Tel. 47 49 50, http://speltzluxembourg.com, Di–Sa, Hauptgerichte ab 18,50 €. Feines überwiegend in Bio-Qualität, vom Gemüse bis zum einheimischen Bier. In der Nr. 9 die neue moderne Suppenbar **à la Soupe** (www.alasoupe.net).
Der Klassiker – **Um Dierfgen** **5**: 6, côte d'Eich, Tel. 22 61 41, www.umdierfgen.lu, tgl. geöffnet außer So abends und Mo mittags, Tagesgericht 11 €. Deftige Luxemburger Spezialitäten wie Ferkelsülze, Pferdesteak, Kalbskopf auf zwei gemütlichen Etagen des Hauses. Das Fleisch stammt von einem lokalen Metzger.
Klösterlich – **Brasserie Neumunster** **6**: 28, rue Munster (Abbaye de Neumunster), Tel. 262 05 29 81, www.abbaye.lu, Hauptgerichte ab 16,50 €. Kleine Karte mit Klassikern wie Bouchée à la Reine sowie Saisonalem. Sonntags ab 12 Uhr Brunch.
Süß & Salzig – **Pâtisserie Namur** **7**: 2, rue de Bitbourg, Tel. 43 69 23, www.namur.lu, Mo–Sa, Tagesgericht mit Dessert 11 €. Artisan Confiseur seit 1863. Selbst bei Hofe begeistern die süßen Kreationen von Namur. Aber man kann in dem modern gestylten Restaurant (mit Sommergarten) der Produktionsstätte mittags auch unter Nudeln, Salat, Suppe oder zwei Tagesgerichten wählen.

Einkaufen

Kulinaria – **Kaempff-Kohler** **1**: 18, pl. Guillaume II u. 14, rue du Curé, www.kaempff-kohler.lu. Traditionsreicher Traiteur und Patissier, riesige Käseauswahl und leckere Rieslingpasteten. Weitere Spezialität: Medaillons de Luxembourg. Man kann hier auch speisen.
Süßes – **Oberweis** **2**: 19-21 Grand Rue, www.oberweis.lu. Hoflieferant und Spezialist für Macarons, die duftigen, cremig gefüllten Eiweiß-Makronen sowie wunderbare Pralinen.
Für Fashion Victims – Modemeile ist die **Grand Rue** sowie ihre parallel verlaufenden Nebenstraßen. Hier finden

Luxemburg

Sehenswert

1 Bock-Kasematten
2 Pétrusse-Kasematten
3 St. Michael
4 Cathédrale Notre-Dame
5 Marché-aux-Poissons
6 Musée National d'Histoire et d'Art
7 Palais Grand Ducal
8 Musée d'Histoire de la Ville de Luxembourg
9 Villa Vauban
10 Natur Musée
11 Tal der Alzette
12 Musée d'Art Moderne

Übernachten

1 Simoncini
2 Jugendherberge
3 Le Grand Ducal
4 Albert I
5 Le Châtelet
6 Pax

Essen und Trinken

1 Le Bouquet Garni
2 Apoteca
3 Den neie Breedewee
4 Brasserie Speltz
5 Um Dierfgen
6 Brasserie Neumunster
7 Pâtisserie Namur

Einkaufen

1 Kaempff-Kohler
2 Oberweis

Ausgehen

1 Insomnia Lounge Bar
2 Secret Garden
3 Bypass
4 Melusina
5 Den Atelier
6 M Club

Pont Grande Duchesse-Charlotte
N51
Hotel Ibis Luxembourg Airport
Bâtiment R. Schuman
Grand Théatre de la Ville de Luxembourg
Alzette
Rue St-Mathieu
Parc de Trois Glands
Fort Thüngen
Musée Dräi Eichelen
Cote d'Eich
N7
Rue Laurent Ménager
St-Matthieu
Rue des Trois Glands
Rue Vauban
Rue Jules Wilhelm
Maison de l'Europe
Boulevard Royal
Allée Pierre de Mansfeld
R. W. Goergen
Montée de Pfaffenthal
Rue Sosthène Weis
Rue Mohrfels
Rue de l'Espérance
Rue des Bains
Pl. des Bains
St-Alphonse
Bd. J. Ulveling
PFAFFENTHAL
Rue Beaumont
Pl. du Théâtre
Confiserie Namur
Th. des Capucins
Rue du Nord
Justizpalast
Bd. Victor Thorn
Pierre dite de Goethe
Rue du Fort Olizy
Montée de Clausen
N1
Rue Philippe II
Grand-Rue
CENTRE
Rue des Capucins
R. Génistre
R. Oberweis
Place d'Armes
R. du Marché-aux-Herbes
Rue du Curé
R. Boucherie
Bock
Monterey
Rue du Fossé
R. de la Reine
Rue de l'Eau
Rue Large
Corniche
Place Guillaume II
Rue Louvigny
R. Chimay
Hôtel de Ville
Rue Notre-Dame
Abbaye de Neumünster
R. de Trèves
Rue du Rham
GRUND
Rue Saint-Esprit
Chemin de la Rue du
Rue S. Weis
Montée du Grund
Rue Münster
Bibl. National
Place de la Constitution
Bvd. F. D. Roosevelt
R. de la Congrégation
Trinité
Centre du Rham
Monument du Souvenir (Gëlle Fra)
Bisserwée
Lift
Rue St-Ulric
Pétrusse
Place de St-Esprit
Monument de la Solidarité Nationale
Place de Metz
Musée de la Banque
Boulevard de la Pétrusse
Rue Mathias Hardt
Minigolf
Viaduc
Chapelle St-Quirin
Rue de Prague
Montée de la Pétrusse
Boulevard Général Patton
N3
Galerie d'Art Contemporain >Am Tunnel<
Arclor/Arbed
Place des Martyrs
Avenue de la Liberté
Rue Dicks
Sacre-Coeur
Av. de la Gare
Bd. d'Avranches
Av. du Gén. de Gaulle
Rue du Laboratoire
Rue Auguste Lumière
Rue Sainte-Zithe
Rue C. G. Marshal
Pont de la Concorde
R. du Ft. Wallis
R. Bender
Rue du Fort Neipperg
R. du Laboratoire
Rue de Chicago
Place de Paris
Rue J. Origer
Rue d'Anvers

Sie alle großen Marken, aber auch Geschäfte für kleinere Budgets und für Jugendliche. Edles von bekannten Designern gibt es in der **rue Philippe II**, Flippiges in der **rue du Nord**.

Märkte – Legendär ist der Markt auf der **Place Guillaume** (Mi und Sa vormittags 7–13 Uhr) , wo ca. 50 Erzeuger aus der Region ihre Produkte feilbieten, darunter Bio-Gemüse, Milchprodukte und Pflanzen.

Ausgehen

Ausgehviertel Nr. 1 ist seit Kurzem die **Rives de Clausen** auf dem früheren Industriegelände der Brauereien Mousel und Clausen. Trendige Bars findet man in der **rue Hollerich**, Pubs und Sommerterrassen in **Grund**, Kabaretts und Ethno-Lokale rund um den **Bahnhof**, weitere Lokale an der **Place d'Armes**.

After-Work – **Insomnia Lounge Bar** **1**: 15, rue Notre-Dame. Jeden Mi ab 18.30 Uhr kostenloses Buffet, und ab 21 Uhr legt ein Dj auf.

Relaxing – **Secret Garden** **2**: 7, Côte d'Eich, www.secretgarden.lu, Mo–Do 16–1, Fr/Sa bis 3 Uhr. Lounge-Bar mit Sofas, Diwanen und entspannender Musik. Im orientalisch angehauchten auch Ambiente lockt ein kleiner Garten.

Clubeleganz – **Bypass** **3**: 19, rue des Bains, www.bypass.lu, Veranstaltungen ab 22 Uhr. Moderner Club mit Bar und Restaurant, Events von ›Ibiza Vibes‹ bis ›Girlie Partys‹.

Livemusik – **Melusina** **4**: 145, rue de la Tour Jacob, www.melusina.lu. Restaurant und Nightclub Fr/Sa ab 23 Uhr, wechselnde Stile von Indie bis House.

Konzertlocation – **Den Atelier** **5**: 54, rue de Hollerich, www.atelier.lu, Konzerte ab 20 Uhr. Angesagte Clublocation für Live-Rock.

Disco – **M Club** **6**: 41, rue de Bouillon, www.mclub.lu, Fr/Sa ab 23 Uhr. Tanzbares aller Art.

Im Sommer lädt die Altstadt zu einem gemütlichen Glas im Freien ein

Luxemburg per Rad

Zwischen 5 und 13 km umfassen die vier Fahrradrouten der Broschüre »Bike Promenade« (erhältlich im City Tourist Office). Sie führen durch die Altstadt und das Bahnhofsviertel, ins Alzette-Tal, durch die Parks der Stadt und in das von neuer Architektur geprägte Kirchbergviertel. Wer nicht auf eigene Faust radeln will, kann die Touren mit Führer buchen (70 €, max. 25 Teilnehmer).

Sport und Aktivitäten

Radfahren – An rund 30 **Vel'ho**-Stationen stehen Leihräder, die über das jeweilige elektronische Terminal dort gemietet werden können (Tel. 800 611 00, www.de.veloh.lu). Verleih auch bei **Velo en Ville**, 8, rue Bisserwé, Stadtteil Grund, Tel. 47 96 23 83, Ostern–Okt. tgl. 10–12 und 13–20 Uhr oder bei der **Jugendherberge**.

Stadtführungen – Infos und Anmeldung über die Tourist Offices (s. u.); z. B. kultur- und naturhistorischer Rundweg **1000 Jahre in 100 Minuten** (Ostersamstag–Ende Okt. Sa 15 Uhr, 10 €) oder **CitiLabo**, wo Kinder anhand von Experimenten spielerisch die Stadt kennenlernen (15. Juli–12. Sept. Di, Do, Sa, So 14.30 Uhr, 2 Std., 6 €).

Infos und Verkehr

Luxembourg City Tourist Office: 30, pl. Guillaume II, Tel. 22 28 09, www.lcto.lu, Mo–Sa 9–18 (April–Okt. bis 19 Uhr), So 10–18 Uhr.

Office National du Tourisme: Gare Central, Tel. 42, 82 82 20, www.ont.lu, Juni–Sept. tgl. 8.30–18.30 Uhr, sonst kürzer.

Flughafen: Luxemburg Findel, ca. 7 km außerhalb, Tel. 24 56 42 42, www.lux-airport.lu. Flüge u. a. nach Berlin, Frankfurt, München, Wien, Zürich. Busshuttle in die City (Mo–Sa 5.30–21, So 6.30–22 Uhr, 1,50 €). Taxi ca. 15–25 €.

Züge: ICE- und TGV-Verbindungen ab Hauptbahnhof, Tel. 24 89 24 89, www.cfl.lu, u. a. von/nach Trier, Köln, Saarbrücken, Basel.

Fernbusse: Die Stadt Luxemburg ist durch ein engmaschiges Netz von Bus und Bahn (Kombitickets) mit anderen Orten des Großherzogtums verbunden (Tel. 24 65 24 65, www.mobiliteit.lu).

Stadtbusse: Mehr als 25 Linien, darunter 3 Nachtbusse, Einzelfahrt 1,50 €, Zehnerblock 12 €, Tageskarte *(Dagesbilljee)* 4 €, Fünferblock 16 €, Wochenendkarte (*billet week-end,* 5 Pers.) 6 €.

Termine

Éimaischen: Ostermontag. Traditionelles Emmausfest auf der Place du Marché-aux-Poissons mit Tonfiguren und weiteren Künstler-, Handwerker- bzw. Kirmesständen.

Oktave-Wallfahrt: April/Mai. Seit 1628, zur Kathedrale Notre-Dame mit großer Prozession und Pilgermarkt.

Nationalfeiertag: 23. Juni. Patriotische Umzüge, Feuerwerk, Militärparade (av. de la Liberté), Konzerte und feierliches Te Deum (Kathedrale, Karten Tel. 47 96 26 70).

Printemps musical: März–Mai. World- und Jazzmusik-Festival, Infos unter www.printempsmusical.lu.

Nuits des Musées: Anfang Okt. Vielfältiges Programm in den Museen, www.nuit-des-musees.lu.

Luxembourg Festival: Anfang Okt.–Ende Nov. Herbstliches Kulturevent mit Konzerten, Oper, Tanz und Theater, www.luxembourgfestival.lu.

Register

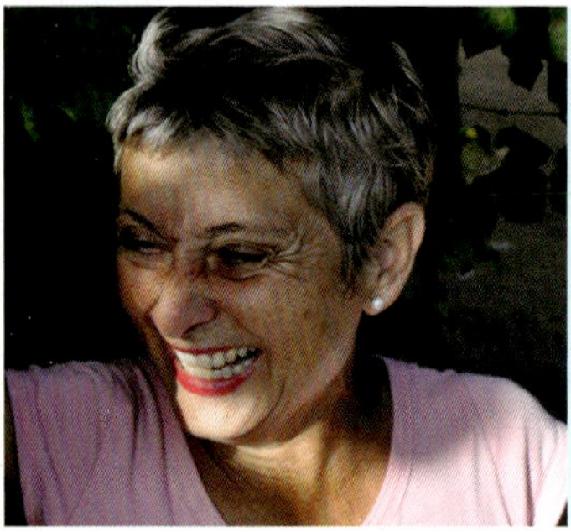

Unterwegs mit Rita Henß
Familienbande in Koblenz und Ausflüge zur Winninger Weinhex bereits im Kindesalter standen am Beginn einer innigen Beziehung zwischen der Frankfurter Reise-, Kultur- und Gourmetjournalistin Rita Henß und dem Moselland. Regelmäßige Ausflüge an die Mosel – beruflich ebenso wie privat – gehören für Rita Henß einfach zu ihrem Leben dazu.

Abbildungsnachweis
Christopher Arnoldi, Veldenz: S. 4/5
Bildagentur Huber, Garmisch-Partenkirchen: S. 108 (Eiben); 42 (Kaos02); 7, 69, 106, 110 (R. Schmid)
Bilderberg/Avenue Images, Hamburg: S. 41 (Hosan)
Picture-Alliance/dpa, Frankfurt: S. 104 (Michel)
DuMont Bildarchiv, Ostfildern: S. 9, 10, 15, 28/29, 37, 39, 44, 46, 52, 59, 61, 78, 95, 100 (Hackenberg); 55 (Hirth); 79 (Wackenhut)
Steve Haring, Frankfurt: S. 120
Rita Henß, Frankfurt: S. 83, 103, Umschlagrückseite
iStockphoto.com, Kanada: S. 51 (hsvrs)
laif, Köln: S. 92, 114 (Boening/Zenig); 72 (Galli)
mauritius images, Mittenwald: S. 64, 74 (imagebroker/dbn); Umschlagklappe vorn (imagebroker/Falkenstein); 13 (imagebroker/KFS); 32, 99 (Merten); 75 (O'Brien); Titelbild (Rossenbach); 87 (Westend 61); 96 (Zimmermann)

Kartografie
DuMont Reisekartografie, Fürstenfeldbruck
© DuMont Reiseverlag, Ostfildern

Umschlagfotos
Titelbild: Weinlese in Beilstein; **Umschlagklappe vorn:** Burg Eltz, Innenhof

Hinweis: Autorin und Verlag haben alle Informationen mit größtmöglicher Sorgfalt geprüft. Gleichwohl sind Fehler nicht vollständig auszuschließen. Alle Angaben erfolgen ohne Gewähr. Bitte schreiben Sie uns! Über Ihre Rückmeldung zum Buch und Verbesserungsvorschläge freuen sich Autorin und Verlag:

DuMont Reiseverlag, Postfach 3151, 73751 Ostfildern,
info@dumontreise.de, www.dumontreise.de

1. Auflage 2011

Redaktion/Lektorat: Thomas Rach
Grafisches Konzept: Groschwitz/Blachnierek, Hamburg
Printed in Germany